직원으로 출근하고,

CEO로 퇴근합니다!

직원으로 출근하고, CEO로 퇴근합니다!

지은이 문혜영(아호 근영)

발행일 2023년 4월 17일(초판 1쇄)
펴낸이 박상욱
펴낸곳 도서출판 피서산장
등록번호 제 2022-000002 호
주소 대구시 중구 이천로 222-51
전화 070-7464-0798
팩스 0504-260-2787
메일 badakin@daum.net

출판기획 이향숙
본문디자인 이신희
표지디자인 송현선

ISBN 979-11-97809-03-8 13330

직원으로 출근하고,
CEO로 퇴근합니다!

피서산장
감성을 깨우는 도서출판

CONTENTS

CONTENTS

프롤로그:

맨땅에 헤딩하며 파놓은 자리를 내 손으로 메웁니다.

"혜영아! 니는 누구 닮아서 입이 톡 까졌노"

"지는 예 아무도 안 닮았어 예! 와 예? 제 입이 어디 까졌어 예?"

"아따, 말하는 거 봐라. 쪼끄만 게 어찌 저리 주디가 야무노"

어릴 적 엄마가 운영하던 미용실에 갈 때마다 미용실을 찾은 동네 아주머니들에게 자주 들었던 말이다. 그분들 보기에 톡톡 튀기도 했거니와 쫑알쫑알 말이 많은 내가 신기했나 보다. 유치원생이었던 나는 말을 많이 하거나 말대답을 하면 입이 까지고 입이 아닌 주디가 된다는 농담을 심각하게 받아들였다. 때문인지 어느 순간부터 내가 하고 싶은 말이 아닌 어른들이 듣고 싶어 하는 말을 하기 시작했다. 그렇게 하면 항상 칭찬받을 수 있다는 영특함이 발동한 것이다. 남들이 좋아하는 말을 하다 보니 행동도 남들이 좋아하는 행동을 하게 되었고, 습관이 되고 신념이 되다 보니 내 감정은 저 뒤편으로 보낸 지 오래되었다. 이제는 되돌릴 수 없을 만큼 남에게 좋아 보이는 사람이 되어버린 걸 알았고, 스스로 행복한 사람이라는 주문을 외우면서 매일 앞만 바라봤다. 뒤를 돌아보면 늘 쓸쓸했던 이유가 여기에 있다. 그런 나를 처음으로 위로해본다.

말은 누군가에게 아픔을 주기도 희망을 주기도 한다. 미용실을 찾은 아주머니들의 말로 귀엽다는 다른 표현이었지만, 꼬맹이인 나는 불길한 징조로 받아들였다. 꼬맹이 혜영이에게 누군가가 "말을 참 잘하네, 장점을 잘 살려서 나중에 아나운서 하면 되겠다."라고 격려해주었다면 지금의 나는 어떤 모습으로 살아가고 있을까. 그렇다고 지금의 삶이 나쁘다는 의미는 아니다. 40년 전 나에게 위로와 격려를 건네는 마음으로, 그리고 지금 시대를 함께 호흡하는 병원 근무자들과 사회생활에 지친 누군가도 나의 경험과 위로가 필요할지 모른다는 마음으로, 모두 잠든 시간 컴퓨터 앞에 앉아 있다.

꼬마 혜영이는 초등학교 시절 경남 체전 수영 은메달리스트로 선수 생활을 했고, 중학교에 들어가면서 테니스를 시작했다. 아빠는 스포츠 스타를 만들려 했고, 엄마는 예쁜 계집애로 자라길 바랐다. 두 분의 갈등 속에서도 난 운동을 계속했다. 대학에 들어가서도. 운동신경이 남달랐고, 제법 잘했다. 대구 하계 유니버시아드 대회에 출전해, 메달리스트가 되었다. 그런데 지금 나는 병원으로 출근해서 서비스지원팀 업무를 보고, 대학에서 병원 코디네이터 강의를 하고, 병원 서비스 컨설팅 회사의 CEO로 대외 업무를 본 후 퇴근을 한다. 엄마, 아빠의 바람 어느 쪽도 이뤄드리지 못한 셈이다. 물론 나는 한 남자의 아내이자 두 아이의 엄마가 되었다. 뼛속까지 체육인이던 내가 병원 CS를 담당하고, 컨설팅을 한다니. 내가 이런 일을 하고 있을 거라곤 전혀 예상치 못한 터였다.

시작은 재활병원이었다. 우연한 기회로 입사하였고, 처음 맡은 일은 코디네이터였다. 선임도, 인수인계해 줄 사람도 없이 맨땅에 헤딩하며 기를 쓴 지 6개월. 내 왼쪽

가슴엔 상담실장 표찰이 달려있었다. 그리고 얼마 안 되어 병원 서비스 전체를 디자인 하고 관리하는 CS팀을 이끌게 되었다. 아무것도 몰랐고, 한 줌 경험도 없다 보니 책으로 배웠다. 하지만 한계가 있었다.

국내에 출간된 대다수의 CS 관련 서적은 병원과 무관한 일반적인 고객 만족 매뉴얼에 가까웠다. 즉, 병원 CS 전문가가 아닌 기업 HR 출신의 강사가 쓴 책들이어서 현장 적용에 어려움이 많았다. 현장이 보이고 상황이 그려지는 살아 있는 책이 아쉬웠다. 없으면 내가 쓰면 될 터였다. CS 컨설팅 전문회사를 차린 것처럼. 후배와 제자들이 내 전철을 밟게 놔둘 순 없었다. 내가 맨땅에 헤딩하며 헤집어놓은 자리를, 내 손으로 곱게 갈무리하리라 결심했다.

이 책은 시작부터 보건계 출신이 아닌 어디서 굴러먹던 스포츠인이 보건 업계에 입문하면서 10년간 몸으로 느끼고 배우고 학습하고 터득했던 다양한 꺼리들을 마구 담은 종합장이다. 먼저, 내가 의료계에 들어와 CS 컨설팅 회사 대표가 되기까지를 맛보기로 풀어놓았고, 10년 차 CS 팀장으로 또는 병원 컨설팅에서 겪은 다양하면서 공통적인 컴플레인 사례와 해결책을 언급했다. 어느 조직이든 상하좌우 간 소통이 중요하다. 병원도 마찬가지다. 의료진과 행정직, 환자와 병원, 직원과 직원 사이의 소통은 곧 병원의 가치로 이어진다. 이러한 커뮤니케이션 관리법도 담았다. 마지막엔 병원 CS가 단순히 서비스 분야라고 오해하는 이들을 위한 홍보와 광고 영역을 기입했다. CS에서 빼놓을 수 없는 영역이면서 내가 이 분야에서 성과를 얻게 된 계기도 여기에 있다. 이런 이야기를 조금 재밌고 흥미진진하게 들려주고 싶었다.

턱 보톡스 맞으러 갔다가 이마에 보톡스를 맞을 뻔했던 사건은 환자의 이름을 부르지 않았기 때문에 벌어진 해프닝이었고, 남편이 사업한다고 했다가 부부싸움 난 이야기의 원인은 서로의 말을 잘 듣지 못해서였다. 환자 컴플레인을 많이 받는 직원을 실컷 위로해 줬더니 상사 때문에 퇴사한다고 원성을 들은 건 업무상 실수와 감정을 분리하지 못해서 벌어진 일이었다. 병원마다 부서마다 각양각색의 상황이 벌어진다. 여기에 환자의 컨디션이라는 변수까지 더해지면 예측불허의 상황이 난무한다. 전체 규정집보다 현실적인 포켓북 제작이 중요한 사례를 첨가한 까닭이다. 항공사 승무원이 소방 훈련을 받는 이유를 통해 주인의식을 검토하고, 리더십과 팔로십이 공존하는 병원의 사례도 포함하는(부끄럽지만 내 자랑이다.) 등 다양한 에피소드를 통해 문제를 이해하고 그 해결책을 찾아가는 내용으로 구성했다.

나는 전문작가도 아니고 병원 경영자도 아니다. 심지어 나는 의료계에 선배도 없고 눈치 볼 인맥도 없다. 그래서 현장의 생생한 경험과 사례들로 채울 수 있었다. 한 번쯤 들어봤고 누구나 어디선가 겪었을 법한, 또는 겪을 만한 일을 선별하여 다뤘다. 최대한 이해하기 쉽고 현장에서 바로 접목할 수 있도록 도식화했다. 주제가 다소 무겁다거나 오해 소지가 있는 부분은 일상적 사례를 넣어 불편함을 제거하였다.

내부적으로 일어나는 필연적 갈등과 문제들을 지혜롭게 풀어나갈 실마리를 얻으려면 리더십과 조직문화에 대한 이해가 선행되어야 한다. CS 담당자뿐 아니라 행정직에서 의료진까지 병원에 몸담은 사람이라면 누구라도 재밌고 유익하게 읽을 수 있도록 세밀하게 살폈다. 책 내용이 쉬운 것과 그것을 실천하는 건 별개이다. 과연 책에서 말하는 그 쉬운 내용을 얼마나 이해하고 실천하려 노력하는지를 되돌아보는 시간을 갖는다면 지금보다 따뜻하고 친절하며 능력 있는 사람이 되리라.

병원을 포함한 대다수의 조직은 둘 중 하나다. 즉 빈번한 문제와 갈등의 근본원인을 찾아내어 해결하고자 하는 능동적·긍정적인 조직과, 나와 맞지 않으면 남 탓하거나 입에 맞는 이를 내 편 만들기에 급급한 수동적이고 부정적인 조직으로 나뉜다. 이 책을 통해 병원 조직을 점검하는 시간도 갖길 바라는 마음이다. 병원장과 관리자들이 우선 일독해야 한다고 믿는 이유가 여기에 있다. 모든 조직이 그러하듯 결정권자의 변화와 변신 의지 없이는 조직의 개선도 기대할 수 없다. 이 책은 바로 그 마음에 파장을 일으키는 작은 돌멩이 같은 역할이 되고 싶다. 독자들에게도 그렇게 읽히길 바라는 마음이다.

무엇보다 평소 나에게 아낌없는 칭찬과 용기를 주신 나와 연결된 병원 관계자분들께 진심으로 감사의 말씀을 전하고 싶다. "문 팀장이라면 할 수 있잖아.", "문

대표 대단하네.", "저희 병원에 모시고 싶어요" 이런 칭찬들이 쌓이고 쌓여 책을 쓰겠다는 용기를 가지게 된 것이다. 또한 병원 조직의 문제를 알면서도 현실과 타협할 수밖에 없는 병원 관리자의 애로사항과 현장에서 인정받지 못한 채 일하는 직원들을 보면서도 일일이 찾아가서 코칭할 수 없는 현실의 한계를 느꼈다. 어떤 형태로든 도움이 되고 싶은 나의 진심과 감사한 마음을 이 책에 담았다.

병원이라는 미지의 장소를 허락해 주시고 채용해 준 병원과 나를 믿고 고객사가 되어준 병원들 모두에게 감사하다. 끝으로 하늘에서 흐뭇해 하실 아버지, 사랑하는 어머니와 가족들 그리고 밤마다 글 쓴다고 예민해지는 아내를 끝까지 기다려준 내 남편 이덕기와 엄마 품에서 잠들지 못하는 아쉬움을 참아내어 준 딸 이수인과 아들 이수헌에게 이 책을 바친다.

2023. 3. 문 혜 영

하루에 몇 번씩이나. 왜 이 문제를 개선하지 않을까.
왜 문제가 생길까. 이 문제를 개선하려면 어떤 것들이 필요할까.
개선한 상황에 대해 직원들의 불편함은 없을까.
수도 없이 나 자신에게 묻고 또 물었다.

제 1장

의료에 서비스를 입히다

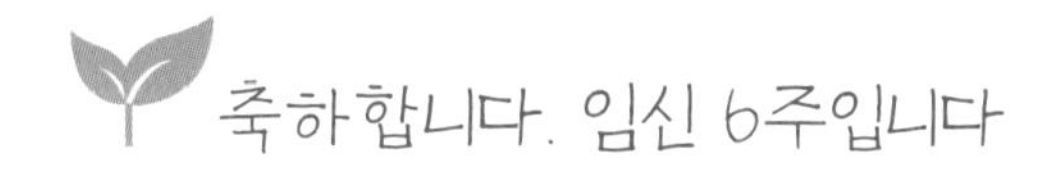

축하합니다. 임신 6주입니다

그날 밤, 새로운 생각에 잠을 설쳐야 했다.
두 아이의 엄마인 내가 열정만으로
새로운 직업을 가지기 위해 도전할 수 없지 않는가?

첫 아이를 출산한 다음 해 곧바로 둘째 임신 소식을 접한 나는 운동과 영원한 이별을 하게 되었다. 직장이 사라진 게 아니라 직업이 사라진 것이다. 이로 인해 나는 꽤 오랜 시간을 우울증과 싸워야 했다. 내가 경단녀(경력 단절 여성)가 되다니.

"혜영아! 커피 한잔하게 나온나." 친하게 지내던 언니의 호출로 다사에 위치한 카페로 갔다. 언니는 약속시간보다 조금 늦게 도착했다.

"미안, 미안 치료받고 오느라 늦었어."

"언니 어디 아파?"

"나 허리가 아파서 재활병원에서 도수치료를 받고 있어."

"재활병원? 도수치료? 건강한 젊은 사람도 재활병원에 가? 그리고 도수치료 그게 뭔데?"

"운동치료 비슷한데 물리치료사가 수기로 치료해 주는 건데 효과가 너무 좋아."

운동을 전공하고 운동치료사로서 활동한 터라 호기심이 발동한 나는 집에 가자마자 도수치료를 찾아보았다. 평소 건강 체질이라 병원을 다녀 본 적 없는 나에게 도수치료는 생소한 분야였다. 그럼에도 나의 재능을 십분 발휘해 병원 운동치료사에 도전하고 싶었다. 그날 밤, 새로운 생각에 잠을 설쳐야 했다. 하지만 두 아이의 엄마인 내가 열정만으로 새로운 직업을 가지기 위해 도전할 수 없지 않은가. 하지만 운동치료사 면허가 없으면 병원에서 일할 수 없다는 사실도 알게 되었다. 우울했지만 현실은 현실이었다. 현명한 선택을 위해 체대 교수이자 친분 있는 선배 언니에게 조언을 구했다. 결론은 3년간 학생으로 살아야 하는 물리치료사 과정 입학은 무리수였고, 다른 방향으로 입사를 고민해 보자는 것이었다. 그렇게 고민하고 운동 치료하는 곳 등을 찾아다니며 경단녀의 삶을 벗어나기 위한 방향을 모색했다.

"혜영아! 나 오늘 재활 치료 있는데 나랑 병원에 같이 가볼래?"
"그럼 같이 가서 기다릴까?"

이력서를 만들어 언니가 치료 중이라는 병원으로 향했다. 이력서라도 전해보고 싶다는(구인 상황은 확인도 하지 않았다.) 이야기에 언니가 병원으로 부른 것이다. 다행스럽게도 병원 센터장을 만날 수 있었고 이력서를 전달했다. 센터장은 어이없다는 듯 나를 바라보며 이력서를 훑어보았고, 나는 멋쩍은 웃음을 남기고 집으로 돌아왔다. 아이에게 이유식을 먹이면서 한숨 쉬던 찰나, 모르던 번호로 전화 한 통이 걸려 왔다. 그 병원 책임자였다.

"문혜영 씨! 운동치료사 말고 코디네이터 자리가 나면 일할 수 있어요?"

"네? 네! 해보겠습니다."

"코디네이터 해 보신 적 있어요?"

"아니요. 없는데요."

"음, 그래요? 무슨 자신감이죠? 일단 내일 원장님께서 점심 식사를 하자고 하시니 12시 30분까지 병원으로 오세요."

"네, 준비해서 병원으로 가겠습니다."

그렇게 전화를 끊었고, 다음날 병원장을 만났다. 많은 대화를 나눴는데 무슨 말을 했는지 기억이 나지 않았다. 너무 긴장했나 보다. 점심을 먹고 헤어지면서 월요일부터 출근하라는 통보를 받았다. 해냈다는 기쁨도 잠시, 병원 코디네이터가 무엇을 하는지, 어떻게 하는지 모를 뿐만 아니라 병원일 자체를 몰랐던 나는 슬슬 겁이 나기 시작했다. 하지만 멈출 수는 없었다. 운동치료사가 아니면 어때? 도수 치료를 잘 받을 수 있도록 돕는 것도 의미 있는 일이라고 주문을 외우며 도전을 시작했다.

"선생님! 제가 뭐 하면 되나요?"

"글쎄요, 저희도 몰라요."

"선생님! 저는 어디에 있으면 되나요?"

"글쎄요, 저희는 다른 부서라 잘 몰라요."

"..... 아..... 네......."

첫날부터 눈앞이 깜깜해졌다. 그냥 물러설 수 없으니 고객들에게 커피를 나르고, 엘리베이터 버튼을 눌러 드리고, 반갑게 인사하는 것부터 시작했다. 그렇게 일주일을 보내면서 병원 전산도 어깨너머로 함께 익혔다. 드디어 접수가 가능해졌고, 수납도 할 수 있게 된 것이다. 하지만 배울 수 있는 건 여기까지가 전부였다. 당장 코디네이터라는 없는 자리를 만들어야 했고, 나는 아는 게 하나도 없었다. 사실 두렵고 막막했다. 일한 지 일주일 만에 체중이 3kg이나 줄어들었으니 말이다. 코디네이터가 들어오면 일이 좀 원활하고 세련되게 진행될 것이라 생각했던 직원들은 아무것도 하지 못하는 나를 보고 무슨 생각을 했을까. 지금도 미안한 마음이다.

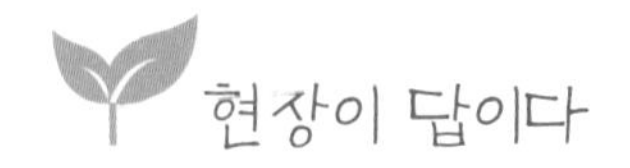

현장이 답이다

새로운 시스템을 만들어서 실행해야 했다.
타 부서의 동의를 구하고 협조 요청을 하면서 체계화하기 시작했다.
기존의 것을 바꾸는 게 얼마나 힘든 일인지 뼈저리게 느낀 시기이다.

원장님께 진료실 참관 요청을 했는데 흔쾌히 승낙해 주셨고, 진료실에서 2주간 진료 참관을 하면서 질병군을 익혔다. 가장 큰 수확이었다. 모든 환자가 각기 다른 질병으로 병원을 찾는 건 아닐 거란 가정 하에 우리 병원 내원 환자가 많이 찾는 질병 3가지를 우선 파악했다. 그리고 구분된 질병 군에 대한 환자의 통증 정도를 파악하고 상담 설계를 했다. 한 달 뒤 원장님께 상담 코디로서 상담 테스트를 받았다. 통과였다. 하지만 환자와 상담할 공간이 없어 구석진 곳에 의자 두 개 놓고 상담을 시작했다. 그로부터 6개월 되는 날, 나의 명함에는 상담실장이라는 직함이 붙었고, 상담실이 만들어졌다.

새로운 시스템을 만들어서 실행해야 했다. 타 부서의 동의를 구하고 협조 요청을 하면서 체계화하기 시작했다. 기존의 것을 바꾸는 게 얼마나 힘든 일인지 뼈저리게 느낀 시기이다. 매일 울었다. 아무도 알지 못했고, 아무도 나에게 알려주지 않는 현장에서 나는 어떻게 이런 새로운 업무 설계가 가능했을까. 많은 요인들이 있겠지만 가장 큰 이슈는 '불편함'

때문이었다. 불편함을 개선하는 것이 발전이고 발전이 곧 실력이기 때문이다. 우리 모두 잘 알고 있다. 갈등, 문제, 불편함이 세상을 변화 시킨다는 것을. 다만 실천이 어려울 뿐이라는 사실을.

"네, 고객님 죄송합니다."라고 통화를 마치고 끊는 직원들의 상황이 무엇인지 궁금했다. 알아보니 예약 누락이었다. 그것도 하루에 몇 번씩이나. 왜 이런 문제가 생길까? 왜 이 문제를 개선하지 않을까. 이 문제를 개선하려면 어떤 것들이 필요할까. 이 문제를 개선하는데 방해 요소는 무엇이있을까? 개선한 상황으로 인해 직원들의 불편함은 없을까? 수도 없이 나 자신에게 묻고 또 물었다. 그리고 엑셀 파일로 환자 관리 시스템을 만들어 냈다. 도수 예약 관리가 어려워 추가로 치료사 영입을 못한 문제까지 단번에 해결이 되었다. 내가 입사할 당시 근무 중인 치료사는 3명이었다. 퇴사 당시 9명이 넘는 치료사가 근무하고 있었으니 병원 확장에 한몫한 건 사실이다.

앞만 보고 배움에 대한 열정을 태운 3년 4개월의 시간은 내게 '쉼'이란 미션을 던져 주었다. 병원 확장과 이전을 위해 준비하는 과정에서 총괄부장이 입사했다. 결론적으로 그 부장 덕분에 아무런 미련 없이 퇴사를 할 수 있게 되었다. 부장 입장에서 자기가 이끌 조직에 깐깐한 상담실장은 뜨거운 감자였을 터. 함께 일하는 동안 큰 마찰은 없었지만 그가 진행하는 어떤 일에도 나는 배제되어 있었다. 그 상황을 모르는 원장이 원망스러웠지만, 휴식이 더 필요하다고 여긴 나는 미련 없이 퇴직을 선택했다. 지금 같은 상황이 벌어진다 해도 나는 같은 선택을 했을 것이다. 나는 그 부장이 싫었던 것일까, 쉼이 필요했던 것일까.

그리고 몇 달 후, 나는 서비스 지원팀장이라는 새로운 직책과 함께 새로 개원한 병원으로 출근을 시작했다. 지난 시간의 경험을 살려 본격적인 서비스 시스템 만들기에 돌입했다. 정형외과에서 서비스 지원 팀장을 한다고? 과연 버티겠어?라는 아이러니하고 걱정스런 시선들이 이제는 부담스럽지 않았다. 나는 맨땅 헤딩의 전문가니까. 오히려 더 디테일해지고 더 체계적으로 변했고 자신감도 충만했다.

물론 시작은 가시밭길이었다. 직원들의 인사 방법, 태도, 걸음걸이, 대화법, 심지어 환경미화 담당자와 주차담당자까지 교육을 하고 표준화를 요청했으니 나를 좋아할 리 만무했다. 수술을 집도하는 의료진은 수술에 집중해야 하고, 간호사는 환자 간호에 집중해야 하며, 나는(뒤에서 직원들이 욕을 하든 말든) 표준화 교육에 힘써야 한다는 사명감 하나 믿고 경험을 벗 삼아 꽤 안정적으로 부서를 이끌었다. 다만 내 아이들이 자라면서 다시 휴직을 해야 하는 상황이 생겼고, 그 과정을 겪으면서 나의 퇴근길이 달라졌다.

육아 휴직과 내 친구 세벽이

단역배우나 무명 배우는 스케줄 관리부터 분장과 의상 등
전체 업무를 혼자서 다 해결해야 한다.
인지도가 올라가고 스케줄이 바빠지기 전까지는 말이다.

육아 휴직을 했다. 휴가를 얻고 가족 캠핑 계획을 세웠다. 캠핑 초보였던 당시엔 7월이 캠핑에 적합하지 않다는 사실을 전혀 알지 못했다. 산속이지만 역시 대프리카다웠다. 5일간의 고단한 여행을 마치고 집으로 돌아와서 집 안 정리와 동시에 지금까지 일하면서 경험했던 모든 내용들은 노트북 새 폴더에 정리하기 시작했다. 그날따라 노트북 배경 화면 속 세벽이와 나의 모습이 유난히 눈에 들어와 잠시 추억에 잠겼다.

"세벽아! 오랜만이야. 서울 생활은 어때? 힘들지 않아?"

세벽이는 영화배우가 되기 위해 서울 생활 중인 내 오랜 친구다. 오늘은 대구에서 촬영 일정이 있어 잠시 날 보러 왔다. 세벽이의 어깨에는 커다란 가방이 매달려 있었고 한 손에는 캐리어가 들려 있었다.

"세벽아! 왜 이렇게 짐이 많아?"

"응! 오늘 배역이 일정하지 않아서 우선 다양한 의상을 챙겨 온 거야."

"그 많은 짐을 혼자 들고 다녀?"

"나는 매니저가 없으니깐 혼자 다 해야 한다. 스케줄 관리도 혼자 하고, 분장도 혼자 하고, 짐도 혼자 들고 다니고, 운전도 혼자 하고."

세벽이는 신세 한탄하듯 자신의 상황을 말하면서 카페 모퉁이 의자에 앉아 메뉴판을 찬찬히 들여다본다. 그런 세벽이와의 기억을 남기고 싶어 필터링이 장착된 카메라 어플로 우정을 기록했더랬다.

꿈 많고 풋풋했던 우리 둘의 추억을 뒤로하고 현실로 돌아온 나는 다시 업무 정리에 열중했고, 휴직 후 1주일 지난 뒤부터는 산도 오르면서 오롯이 나만을 위한 시간을 가졌다. 건강검진도 받아보겠노라 마음을 먹고 지인 병원을 찾았다. 지인 병원이라서인지 직원들은 나를 극진하게 맞아주었다. 하지만 왜 이렇게 불편함 투성인지 답답함이 밀려왔다. 단순히 친절만의 문제가 아님을 감지할 수 있었다.

문득 병원과 세벽이가 닮아 보였다. 단역배우나 무명배우는 스케줄 관리부터 분장과 의상 등 전체 업무를 혼자서 다 해결해야 한다. 하지만 혼자서 할 수 없는 상황이 되면, 즉 인지도가 올라가고 스케줄이 바빠지면 개인 매니저를 고용을 하거나, 더 큰 성장을 위해 연예 기획사와 계약을 하게 된다. 그때부터 그 배우는 기업이 되고 하나의 브랜드가 된다. 이때 배우라는 기업을 유지하기 위한 모든 마케팅은 철저하게 분업화되고 각각의 전문가들이 담당한다.

병원이라는 기업도 그렇다. 기본적으로 환자 정보를 알아야 하며 (접수) 진료와 검사라는 의료 행위를 하고 나면 행위료(진료·치료비)를 청구해야 한다. 이런 루틴을 의사 혼자 할 수 없으므로 직원을 고용한다. 여기서 나아가 병원이 더 커지면 이미지 관리가 어려워진다. 그래서 배우가 기획사와 계약하듯 병원은 전반적인 이미지를 탄탄하게 구축하기 위한 CS[1] 팀을 구성하게 된다. 물론 시작부터 규모가 대형일 경우 내용은 조금 다를 수 있지만 말이다. 업종을 막론하고 CS는 기업의 기본조직이고, 병원 CS라고 예외일 수 없지만, 병원이 커지고 통제가 어려워져야 비로소 CS팀의 운영을 고민(즉각 도입이 아니다. 고민이다.)하는 게 현실이다. 아니 아무리 커져도 CS팀 자체를 부정하는 병원도 많다.

[1] CS(Customer Service): 사전적 의미는 고객의 만족을 극대화함으로써 고객의 지속적인 서비스 이용을 유발, 촉진시키는 경영 기법을 말하지만, 나는 (병원에 국한한다면) 광고를 보고 병원을 찾은 환자와 보호자에게 최상의 의료 서비스를 제공함으로써 병원의 존재 이유와 목적에 최고의 가치를 부여하도록 기능하는 모든 행위라고 말하고 싶다.

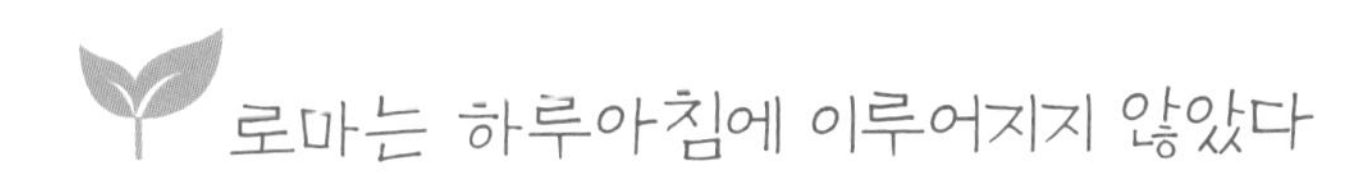

로마는 하루아침에 이루어지지 않았다

문화가 없는 규정은 오래가지 못한다.
컨설팅 받는 얼마간은 변화와 성취가 보이다가도
이내 제자리로 돌아가는 '요요현상'이 일어나는 건 이 때문이다.

거의 매번 지각을 하고 항상 차가 막혀서라는 핑계를 대는 직원이 있다. 인사에 소홀하여 지적받으면 바빠서라는 변명하면서 인사할 때도 많다는 식으로 항변하는 직원도 있다. 전자는 평소 통근 소요 시간에 기준을 맞추었고, 후자는 바쁘면 인사 못할 수도 있다는 기준을 세웠다. 이런 기준, 그러니까 정시 출근 몇 번 했다고, 안 바쁠 때는 인사를 했다는 자기 기준을 가진 이들이 늘어나면 그 집단은 하향평준화가 된다.

음식 한 번 잘했다고 맛집인가? 홈런 한 번 쳤다고 거포인가?
헤어 커트 한 번 잘했다고 수석 디자이너인가?
강의 한 번 잘했다고 명강사인가?
이들에게 '프로'라는 수식어가 붙기 위해선 반복 성공률이 높아야 한다.

어떤 구성원 개개인의 반복 성공률이 높아질 때, 상향평준화 되었다고 말하고, 우리는 그들을 전문가 집단이라 말한다. 수술 한번 잘했다고 명의가 될 수 없고 설명 한 번 친절하게 했다고 설명 잘하는 의사가 될 수 없다. 오랜 시간 노력과 반복 연습이 필요하다. 조직이 상향평준화가 된다는 건 그리 쉬운 일이 아니다.

서비스 디자인 컨설팅과 관련한 미팅에서 가장 많이 듣는 말은 이렇다. 컨설팅 기간이 얼마나 걸리나요? 그렇게 오래 해야 되나요? 비용이 왜 이렇게 비싸요? 하는 거 별거 없잖아요? 좀 싹싹한 직원 키우는 게 더 낫겠어요. 등등의 부정적인 반응이 의외로 많다(필요해서 부른 사람 앞에서 컨설팅을 부정하는 표현을 서슴지 않는 건 어떤 의미인지 궁금하다.). 어떻게 설명해야 할지 답답하다. 더 솔직하게 말하자면 상대의 지적 재산을 함부로 평가하는 고객사와는 일하고 싶은 마음이 없다. 조직 자체가 서비스 개념을 이해하지 못하는데 그 직원들이 어떻게 고객에게 정직한 서비스를 제공할 수 있겠는가. 병원장들과 경영진들이 서비스를 쉽게 생각하고, 비용 지불을 아까워하는 건 오해와 인식의 오류에서 비롯된다. 대표적인 몇 가지에 대해 언급한다.

첫 번째, CS는 개인의 인성 문제가 아니다. 인성이 좋은 사람들이 모였다고 해서 그 집단이 CS를 잘하는 건 아니기 때문이다(인성이 어느 정도 영향을 미친다는 점은 인정한다.). 인성과 집단지성은 다른 문제다. 즉, CS는 사회성이며 사회에서 배워야 하는 부분이다. 고객과 동료에게 인사를 해야 한다는 건 어릴 적부터 배웠지만 사회에서 요구하는 인사는 조금 다르다. 예를 들면 컴플레인으로 고객과 대화 중인 동료에게 반갑다고 인사하는 건 불편한 태도일 수도 있다. 주어진 환경에서 상호 간 협업을 잘 할 수 있도록 사회성을 배우고, 이를 잘 실천하도록 돕는 것이 CS다. 실천 횟수가 누적되어 내 것이 되었을 때(습관) 비로소 CS가 완성되었다고 말할 수 있다. 이런 습관을 가진 개개인이 늘어날 때 조직은 상향평준화가 되고, CS가 탄탄한 병원으로 발돋움하는 것이다.

두 번째, 병원 CS는 하루아침에 완성되지 않는다. 저렴한 비용과 단기간 실행으로 해결될 일이 아니라는 얘기다. 여태껏 고쳐지지 않은 태도가 교육 몇 번으로 바뀔 거라 생각했다면 큰 오산이다. 결국 현장감 떨어지는 교육을 받았거나, 병원 컨설팅 업체의 자신감 있는 제안과는 달리 그 결과가 나빴거나, 단시간 교육이 가능하다고 장담했던 것들이 하나도 개선되지 않은 경험을 얻은 건 CS 본질에 대한 이해가 부족했다는 방증이다. 그렇다고 CS 자체를 부정해선 안 될 일이다.

마지막으로 병원 차원에서 CS에 대한 이해와 전폭적인 지지가 필수다. CS 매니저 한 명이 단숨에 병원과 병원 문화를 바꿀 순 없는 노릇이다. CS 매니저는 신이 아니다. CS를 책임지고 끌고 가는 건 생각보다 고되고 힘든 일이어서 퇴사나 이직을 고려하는 경우가 많다. 심지어 CS 매니저가 운영을 잘 못하고 힘들어한다는 이유로 타 부서로 편입시켜 다른 업무를 하게 하는 경우도 종종 있다. CS는 매니저 한 사람의 능력으로 완성되지 않는다.

몇 년 전의 일이다. 모 재벌기업 회장이 사장단 회의에서 여름에는 필요한 경우를 제외하고 반바지 출근을 허용하라고 지시했다. 파격적인 지시에 각 언론이 대서특필했다. 하지만 이어진 건 반바지 입고 출근한 직원들 모습이 아니라 '반바지 열사'라는 신조어였다. 그러니까 회장은 반바지 출근을 권장했으나 정작 임원과 간부들이 전과 다름없는 복장을 고수하다 보니 누가 먼저 반바지를 입고 출근하느냐에 초미의 관심이 쏠렸고, 이를 반바지 열사라고 부르는 해프닝이 벌어진 것이다. 말 한마디로 지시를 내리고 규정을 신설하는 건 어렵지 않다. 이것이 행동으로 이어지기 위해선 뒷받침되는 문화가 선행되어야 한다. 규정이 아니라 문화가 중요한 까닭이다.

내가 처음 CS 컨설팅 사업을 시작한 이래 첫 고객사가 되어 컨설팅을 진행한 병원은 3년이 넘은 지금도 계약 상태를 유지 중이다. 내 기준에선 병원이 어느 정도 안정되었고 무엇보다 서비스 부분에서는 잘하는 게 확연히 드러났다. 때문에 병원장께 계약종료를 조심스레 타진해 보았으나 돌아온 건 "아직은 이른 것 같아요. 대표님이 이 자리를 지켜주지 않으면 해이해지고 무너지게 됩니다. 단단한 문화로 자리 잡을 때까지 함께해 주세요."라는 대답이었다. 조직의 기본을 만들고 유지하는 데는 많은 돈과 시간이 요구된다. 규정을 만드는 건 어렵지 않다. 반바지 열사처럼 윗사람의 한마디면 된다. 그러나 문화가 없는 규정은 오래가지 못한다. 컨설팅 받는 얼마간은 변화와 성취가 보이다가도 이내 제자리로 돌아가는 '요요현상'이 일어나는 건 이 때문이다. 내가 추구하는 CS는 병원의 제도와 체질을 개선하는 데 그치지 않고, 서비스가 내면에 자리 잡고 마침내 문화가 되도록 만드는 일이다. 로마가 어디 하루아침에 이루어졌던가.

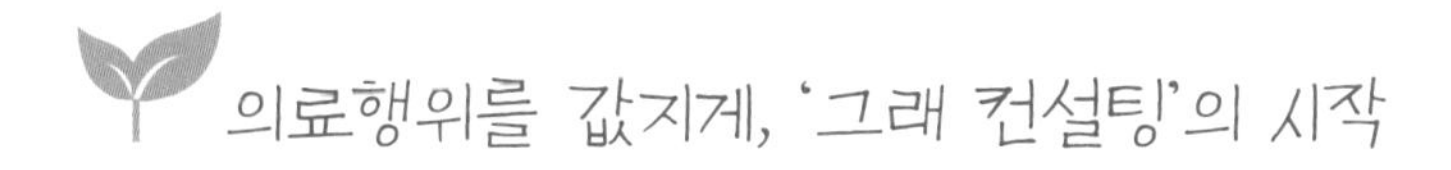

의료행위를 값지게, '그래 컨설팅'의 시작

불편함을 덮기 위해 또 다른 불편을 만들지 말자.
고객이 알아듣지 못하는 불편을 해소하기 위해
추가 설명하는 시간은 생각보다 오래 걸린다.

여전히 풀리지 않는 궁금증. 의료는 왜 서비스업이 아니라고 하는 걸까. 왜 서비스업에만 CS가 필요하다고 생각하는 것일까. 그렇다면 CS는 무엇이고 서비스업은 무엇인가, 그리고 나는 지금 무엇을 하는 사람인가? 이 고민의 터널에서 나는 아직도 빠져나오지 못하고 있다.

『메이요 클리닉 이야기』에 따르면 환자가 의사의 실력이나 검사의 정확도는 판단하지 못할 수 있어도, 환자는 자신이 필요로 하는 서비스와 환자의 시간을 존중해주는 시스템을 경험하면서 직·간접적으로 평가할 수 있다.

고객의 입장에서 내가 선택한 병원의 의료 행위 수준은 당연히 최고여야 한다. 그게 기본 아닌가. 내 생명을 담보로 대충 진료보는 병원을 선택할 사람이 누가 있겠는가. 다시 말해 고객이 내 병원을 찾는 건 그만큼 신뢰가 있고 의료 수준이 높을 거라 믿기 때문이다. 그러나 메이요 클리닉 이야기에서 보듯이 고객은 어떤 의료 행위가 수준 있는지, 얼마나 수준 높은지 알 수 없다. 또한 뒤에서 다루겠지만 정보의 비대칭 상황에서 고객들은 어떤 수준의 의료 행위가 좋은 건지 또는 나쁜 건지 알 수 없다.

사촌 동생이 난치병 치료 방법에 대한 정보를 검색하다가 서울 모 병원에서 같은 질병을 연구하는 교수가 있다는 사실을 알게 되었고 동생은 그 교수에게 메일 한 통을 보냈다. 물론 답장이 올 거란 기대 없이 말이다. 그런데 며칠 뒤 그 교수로부터 답신을 받았다며 나에게 메일을 보여주었다. 답신이 온 것도 신기한데 메일을 읽으면서 이 글을 보고 감동받지 않을 사람이 있을까라는 생각이 들었다. A4 용지 서너 장 분량으로 의료용어가 술술 읽히는 정도를 넘어 이해도 쉽게 되었고 따뜻함과 섬세함도 품고 있었다.

이렇게 질문해 보자. 단지 병원 또는 의사의 친절도로 의료수준을 가늠할 수 있을까? 물론 그렇진 않을 것이다. 다만 고객은 친절함으로 그 병원의 수준을 판단하기도 한다. 사소한 친절과 환대와 따뜻한 눈빛이 환자와 보호자에겐 의료진의 수준과 등가로 받아들여지기도 한다는 뜻이다. 위에서 얘기한 의사의 경우 어떤 의료행위를 하지 않았음에도 단지 불특정인의 간절한 질문에 정성으로 응답했기에 실력있고 인격도 훌륭한 의사가 될 수 있었다. 지푸라기라도 잡아야 할 환자에게 그는 메시아에 다름 아니었다. 그러므로 질문에 대한 답은 의외로 단순하다. 병원이 서비스업은 아니지만 고객만족을 위한 실천은 늘 이뤄져야 하며, 그 실천에 대한 감동은 고객이 가져가도록 해야 한다. 감동을 가진 고객은 자신이 선택한 병원이 최고의 병원이라고 판단할 것이며 이 사이클이 반복된다면 고객은 자신이 선택한 병원을 최고의 병원으로 만들어 줄 것이다. 다시 말하자.

'고객 만족, 즉 병원 CS는 수준 높은 의료 행위를 더 값지다고 느끼게 하는 것이다.'

가수가 힘을 빼고 공기 빈, 소리 반으로 말하듯 노래 부르는 건 무엇이며, 병원이 권위를 내려놓고 쌍방향 소통을 하며 진료를 보는 건 무엇일까? 그러니 불편함을 덮기 위해 또 다른 불편을 만들지 말자. 불편함을 과감하게 제거하고 비워 보자. 고객이 알아듣지 못해서 추가 설명하는 시간은 생각보다 번거롭고 오래 걸린다. 이제 병원도 힘을 빼야 할 시간이다. 이 마음을 고스란히 담았다. 내가 해보리라 결심했다. '그래 컨설팅'의 병원 서비스 디자인이 시작되었다.

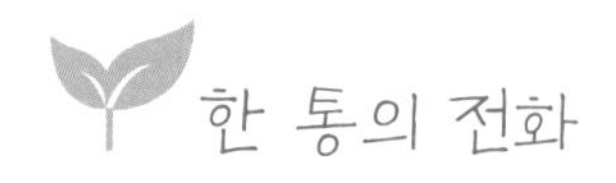

한 통의 전화

내리쬐는 강렬한 햇살은
두근거리는 내 심장과 흥분으로 빨개진
나의 얼굴을 감추기에 딱 알맞은 날씨였다.

1년 뒤 전화 한통이 걸려 왔다.

"문 팀장님! 저는 00 병원장입니다. 서비스 컨설팅 제안서를 받아 보고 싶은데 어떻게 하면 되나요?"

"안녕하세요, 원장님."

통화를 마치는 대로 메일로 제안서를 받길 원하셨다. 기본 제안서를 메일로 송부하고 첫 미팅을 위해 병원을 방문했다. 아름다운 여자 원장님이 시원한 커피를 건네주시며 계약서를 가지고 오셨냐고 물었다. 사실 첫 미팅하는 자리라 제안서 외에 따로 계약서를 준비하지 못한 터였다.

"원장님! 비용이나 제안서 설명도 하지 않았는데요?"

"괜찮아요! 그냥 진행해 주세요. 어차피 한 번 해서 되는 것도 아니고 일단 시작하는 게 더 중요하잖아요."

"네, 원장님! 예정에 없던 부분이라 계약서를 미처 준비하지 못했습니다. 양해해 주셔서 감사합니다."

"그럼 우리 병원 서비스 컨설팅 시작하는 날 계약서 도장 찍고 바로 진행하시죠."

미팅을 마치고 병원 밖으로 나왔다. 내리쬐는 강렬한 햇살은 두근거리는 내 심장과 흥분으로 빨개진 나의 얼굴을 감추기에 딱 알맞은 날씨였다. 그때 반가운 전화 한 통이 걸려왔다. 세벽이었다. 고향에서 열리는 행사에 초대받아 오게 되었다고 했다. 약속 장소에 나타난 세벽이는 이진과 사뭇 달랐다. 그새 5년이란 시간이 흘렀다. 세벽이는 매니저가 운전하는 차에서 내렸다. 손에는 커다란 가방도, 캐리어도 들려있지 않았다. 요즘 유행하는 감각적인 클러치 하나를 들었을 뿐이다. 땀 삘삘 흘리며 허둥지둥 뛰어오던 예전의 세벽이가 아니었다.

오랜만에 이야기보따리를 푸는 와중에도 세벽이의 휴대전화에선 연신 알림이 울렸다. 스케줄 체크와 미용실 예약과 의상 협찬까지 오늘 갈 곳이 태산이라고 푸념하는 그녀에게서 제법 배우의 모습이 보였다. 시종 여유 넘치는 미소와 밝은 표정으로 나를 기쁘게 했다. 누가 봐도 근사하고 아름다운 배우가 내 앞에 앉아있었다. 대프리카는 내 친구 세벽이와 나를 응원하듯 근사하게 뜨거웠다.

제2장

조직의 습관

어느 조직에나 장단점은 있기 마련이다.
단점을 없애는 것보다 장점을 업그레이드하는 것,
단점을 희석시키면서
문제를 사전에 예방하는 방법이 효율적이다.

아이작 뉴턴 하면 만유인력의 법칙이 떠오른다. 이 법칙은 창조인가? 발견인가? 우리는 이미 알고 있지만 무심히 지나쳤던 것들이 다시 회자되고 재생되면서 새로운 이름을 가지게 된다. 세상에는 아직도 발견되지 않고 그 이름이 생겨나길 기다리는 것들이 무수히 많으리라. 그중에 대화의 갈등도 그 이유를 발견하고 이름을 붙여본다면 좋겠다. 갈등의 원인이 나로 인해 기인한다는 것만큼 불편하고 상처받는 게 또 있을까. 나는 문제아가 아닌데 말이지. 그래서 우리는 그중에 갈등도 그 이유를 발견하고 변경하면 된다.

컴플레인 코칭이 끝날 무렵 행정부장이 따로 만나서 면담을 하고 싶다며 연락이 왔다. 사실 컨설팅 시작하면서 명함을 주고받은 뒤 컨설팅 내내 얼굴을 뵌 적 없었던 터라 온갖 불편한 상상력이 동원되었다. 그리고 면담을 진행했는데 뜻밖에도 행정부장의 고민을 들을 수 있었다. 그 내용을 요약해 보면 직원들과 사소한 갈등이 있는데, 자꾸 지적하자니 꼰대 같고 말을 안 하자니 속에서 천불나고, 이런 상황이 끊어지지 않고 계속 반복되다 보니 자기 자신의 능력이 부족해서 일어나는 것 같다며 도움을 받고 싶다는 내용이었다. 감사한 마음이 들었다. 누구에게나 어느 조직에나 장단점은 있기 마련이다. 단점을 없애는 것보다 장점을 업그레이드하는 것, 단점을 희석시키면서 문제를 사전에 예방하는 방법이 효율적이다. 이런 기본 개념을 긴밀히 공유하면서 '조직의 습관'을 찾아 나서기로 했다.

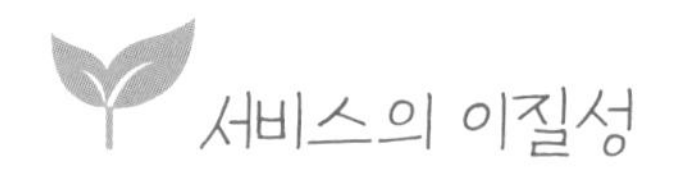

서비스의 이질성

_____ 왜, 왜, 왜

사무실 내선 전화가 울렸다. 원장실이었다. 원장님이 내 사무실로 직접 전화한 적이 없던 터라 바짝 긴장한 상태로 통화를 했다.

"네, 원장님, 서비스 지원팀 문혜영입니다."

"문 팀장님. 요즘 고객 민원이 좀 있지요?"

통화의 핵심은 직원들의 불친절로 인한 컴플레인 사례가 늘고 있어 걱정된다는 내용이었다. 전체적인 분위기부터 파악하기 위해 병원 전체를 한 바퀴 돌았다. 코로나로 인해 정기교육이 정지되었을 뿐만 아니라 신규 직원 교육 또한 전혀 하지 못한 상황이었다. 직원들이 자기만의 기준에서 고객을 마주하고 있겠다는 판단을 한 건 이 때문이다. 우려했던 상황이 벌어진 것이다. 어떤 부분이 문제가 되고 있는지는 안 봐도 알 수 있을 것 같았다. 예컨대 이런 것들 말이다.

"000 고객님 들어가세요.", "이쪽으로 오세요.", "앉아계세요."라는 명령하는 말투.

"기다리세요. 오신 순서대로 불러드리고 있습니다."라는 귀찮고 퉁명스러운 말투.

"000님, 어디 갔다 오셨어요? 검사가 밀렸잖아요."라는 식의 고객의 상황을 확인하지 않은 채 병원 입장만 고수하는 공격적인 말투.

"고객님, 물리치료는 한 군데만 됩니다."라는 사실관계만 전달하는 건조한 말투.

외에도 병실에 들어가면서 노크와 인사를 하지 않거나, 주사를 놓으면서 주사에 대한 설명을 하지 않거나, 엘리베이터나 데스크에서 환자 뒷담화를 하는 경우 등등 어느 병원에서나 흔하게 볼 수 있는 불편한 상황들이 아닐까. 그리고 기준이 없으니 자신의 행동에 문제가 있다는 사실을 잘 알지 못한다. 어찌 되었건 나는 병원 내 서비스를 담당하는 책임자로서 해당 부서장과 면담을 했다.

"실장님! 최근 들어 직원들이 불친절하다는 고객의 소리가 자주 접수되는데 어떻게 하면 좋을까요?

"저도 직원들에게 친절하게 하라고 여러 번 말하지만 그게 제 맘처럼 안 따라 주네요. 팀장님은 좋은 방법 있어요?"

"고민을 더 해 봐야겠지만 우선 해당 직원들을 불러서 개별 면담을 해

보는 게 좋을 것 같아요."

그리고 해당 직원들과 면담을 실시했다. 면담 중 공통적으로 나온 대답은 "친절함의 기준이 뭔가요?" 또는 "저는 최선을 다했습니다." 아니면 "잘 모르겠습니다."였다. 지금까지 내가 실시한 교육은 헛일에 불과했다는 생각에 머릿속이 하얘졌다. 솔직히 말하자면 '잘하는 직원들도 있는데 왜 너희들은 그렇게 하지 못하니?'라는 식의 원망스러운 마음마저 들었다. 서비스의 이질성을 케어하는 일, 그러니까 개개인의 특성에 맞춰 교육하고 실무와 접목시키는 것이 제일 어렵다는 건 잘 알고 있었다. 그래도 다시 집중해야만 했다. 이질성에 대한 이해 없이 그냥 강제로 지시한다면 이런 상황은 반복될 것이고, 장기적으로는 관리조차 어려울 거라는 생각이 들어서다.

_____ 개별 업무 특성에 맞춘 포켓북 제작

서비스는 형태가 없는 무형성, 실행과 동시에 일어나는 동시성, 끝냄과 동시에 사라지는 소멸성, 누가 서비스를 하느냐에 따라 달라지는 이질성, 이 네 가지 특성을 가지고 있다. 똑같은 내용으로 똑같이 트레이닝을 하지만 직원들이 이해하고 실행하는 건 제각각인 이 상황은 서비스의 네 가지 형태 중 '서비스의 이질성'에 해당한다. 서비스의 이질성은 실행자의 기질과 성격 성향 등을 모두 포함하고 있기 때문에 서비스 교육이 어렵다고 말하고, 답이 없다고 말하기도 한다.

왜 다르게 느끼고, 왜 다른 식으로 실행될까? 그리고 왜 기준을 모른다고 할까? 그래서 각 부서 응대 매뉴얼을 기반으로 해당 직원들과 함께 실용 매뉴얼을 만들기로 했다. 서비스 이질성을 고려하여 현장에서 즉시 적용 가능한 본인만의 포켓북을 제작키로 한 것이다. 이유는 고객 감정에 대해 공감하는 연습이 필요했고(심지어 공감도 다르게 해석하고 있는 경우가 많다.), 고객 응대 기준을 인지하지 못하고 있으며, 어떤 문장을 어떻게 사용해야 하는지, 어떤 단어가 더 어울릴지 헷갈려 하고 있었기 때문이다. 한마디로 '잘 몰라서 그랬다.'가 맞는 말인 것 같다.

먼저 환자가 움직이는 동선마다 일어나는 모든 상황들을 번호로 매겼다. 그런 다음 상황별 어떤 불편함이 생길 수 있는지 가정 하에 고객의 마음과 직원의 상황을 비교해가면서 번호마다 응대 요령을 채워나갔다. 의외로 팀원의 참여와 몰입도가 높았고, 자신이 결정한 응대 내용을 사용하다 보니 신중하기까지 했다. 몇 주간 진행된 실용 매뉴얼 작업이 끝났다. 나는 팀원들에게 작은 책자로 만들어진 자신들만의 매뉴얼을 전달했다. 현장에서 잘 쓰이길 바라면서. 그리고 며칠 뒤 잘 적응하고 있는지 궁금하여 해당 부서를 라운딩을 하다 보니 한 직원이 나를 부르며 이렇게 말했다. "팀장님 이 부분은 막상 해보니 좀 어려운데 바꿔도 되나요?" 어찌나 반갑고 기쁘던지 "그럼요! 우리가 매뉴얼 만들면서 확인한 고객의 마음과 선생님의 의도가 변질되지 않는다면 더 훌륭한 멘트로 응대

하셔도 괜찮습니다."

앞서 언급한 서비스의 이질성을 이해하고 팀을 잘 이끌고 가려면 아래의 내용을 실천해 보자.

▶ 부서별 특성을 고려한 응대 기준을 세우고 명확하고 구체적인 내용이 담긴 실용적인 매뉴얼을 만들자.

부서의 특수성을 고려하지 않거나 기준이 모호한 경우 이질성의 특성이 더 두드러지게 나타나는 경우가 많으니 주의하자. 내로남불이라는 신조어, 내가 하면 로맨스 남이 하면 불륜인 것처럼 내가 실수하면 이유가 있고 남이 실수하면 잘못이 될 수 있기 때문이다.

▶ 다름을 인정하는 병원 문화를 조성하자.

'저 직원 왜 저래? 상식적으로 이해가 안 돼'의 상식은 누구의 상식인가? 내가 알고 있는 정보가 마치 상식이고 기준인 듯 문제를 바라보면 모두 비극이고 이상한 사람 천지다. 문제가 생겼을 경우 문제 해결을 위한 최선책을 찾는 게 우선이고, 사람은 서로 다를 수 있음을 인정하는 조직문화가 필요하다. 더불어 반복적인 실수나 문제가 생기지 않도록 교육 및 관리하는 연습이 필요하다.

▶ 교육은 how 보다 why에 더 시간을 할애하자.

다른 교육도 마찬가지지만 서비스 응대 매뉴얼 교육은 규칙적이고 지속적으로 반복해야 하며, 기준을 왜 정했는지, 그 기준을 지켜야 하는 중요성과 의미를(동기부여) 알려 주는 게 훨씬 효과적이다. 특히 신규 입사자들은 원내 서비스 응대 매뉴얼 교육을 필수 교육 과정으로 진행하길 적극 추천한다.

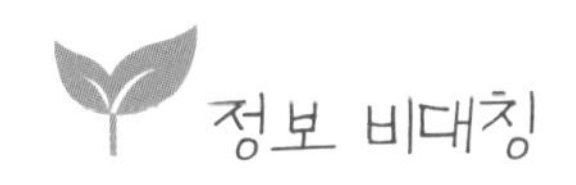

_____ 당돌한 태리의 질문공세

“팀장님! 혹시 제자 중에 알바할 수 있는 학생이 있을까요?”

“어느 부서에 인력이 필요한가요?”

“1층 안내 데스크에 인력이 필요해서요.”

“알바생 일하고 있잖아요. 그만둔대요?”

“네! 이번 달까지 하고 그만두고 다른 곳에 정직원으로 간대요.”

“아 ~~ 그렇구나. 우선 가능한지를 물어보고 연락드릴게요.”

“네~, 팀장님 부탁합니다.”

곧바로 제자에게 전화를 걸었다.

“태리야! 잘 지내지? 취업 원서 냈다고 하던데 결과는 나왔어?

“교수님, 저 떨어졌어요.”

“그렇구나. 그럼 지금 쉬고 있겠네. 내가 근무하는 병원에 알바 자리

났는데 혹시 와서 일할래?"

"네, 교수님. 저야 감사하죠. 그런데 어떤 일인가요?"

"1층 안내 데스크 업무야. 근무 시간은 8시 30분부터 5시 30분까지야. 우선 가능 여부만 알려주면 나머지는 미팅하면서 알려줄게."

"네, 일할 수 있습니다."

" 그래, 태리야! O.T(Orientation) 날 잡아서 알려줄게."

그리고 오리엔테이션 하는 날 나는 태리에게 안내 데스크 관련 기본 교육을 실시했고, 행정 과장은 태리에게 근무 조건에 대한 정보를 전달했다. 교육이 끝나고 나는 행정과장에게 가서 확인을 했다.

"태리 어때요?" 질문의 핵심은 참 괜찮은 학생이죠?라는 의미였다.

"네? 네, 네. 괜찮아요."

"과장님 대답이 영 시원찮은데요? 왜요? 무슨 문제라도 있나요?

예전에도 직원 소개를 했다가 그 병원과 콘셉트가 맞지 않아 식겁한 적이 있다. (신중한 것은 당연하고) 사람 소개하는 것을 꺼리는 까닭이다. 어찌 되었건 이번에도 문제가 있는 건지, 내 선택이 잘못된 건지 머릿속이 복잡해졌다.

"아니요, 팀장님. 문제는 없는데 뭐 자꾸 꼬치꼬치 캐묻더라고요. 아르

바이트하는데 그렇게 질문 많은 사람 처음 봤어요. 당돌하던데요?"

"그랬군요. 뭐가 궁금해서 그리 많이 묻던가요?"

"시급, 근무시간, 점심시간, 근무기간, 하는 일, 점심시간은 시급에 들어가는지, 휴무일 등등을 물었어요."

대화 도중 빈번하게 일어나는 마찰 중 하나인 '정보 비대칭에 의한 오류'의 상황이다. 앞서 과장과 내가 나눈 대화를 점검해 보면, 너무 평범한 내용이지만 효율적이지 못하다. 인력이 빠지면서 그 자리를 대체할 누군가를 찾는 행정과장은 정보를 가진 위치이고 나는 정보가 없는 상황이다. 누가 봐도 정보의 비대칭 상황이다. 이때 행정과장이 자신이 가진 정보를 상대방에게 충분히 전달하는 커뮤니케이션 형태를 취했다면 대화는 어땠을까.

또 한 가지, 태리와 행정과장의 대화는 알 수 없지만 내가 던진 질문에 대한 행정과장의 대답을 통해 두 사람의 대화 내용을 유추해 보면 두 사람의 상황 또한 정보 비대칭에 의한 공백이 있지 않았을까. 태리가 나에게 들은 정보라고는 근무시간과 알바 가능 여부가 전부였다. 그러니 태리의 입장에선 아는 게 없고 자신이 어떤 일을 어떻게 하는지 궁금한 게 당연한 반면, 과장에게 태리는 알바생일 뿐이고, 그 알바생은 꼬치꼬치 캐묻는 그다지 반갑지 않은 존재였던 거다. 이렇듯 정보를 가지고 있는 쪽은 반복적인 정보 전달 과정에서 상대방도 이 정도는 알고 있겠지? 라거나, 이 정도 설명하면 알아듣겠지?라는 착각(지식의 저주)을 하게 된다. 이 상황에서 상대가 알지 못하거나 이해하지 못해 재차 질문을 하면 질문을 받는 쪽에서는 당돌함을 느끼게 되는 것이다. 그렇다면 태리는 원래 당돌한 사람인가? 아니면 과장한테만 당돌했던 것일까. 하나 더 비슷한 상황의 예를 들여다보자.

______ 일일이 말해줘야 해?

얼마 전 개원한 A 병원 실장으로부터 전화가 왔다.

"문 팀장님! 지난번 교육 때 보셨던 신입 직원 있잖아요. 그 직원한테 VIP께서 9시에 온다고 얘기했는데 아침에 아무런 준비도 안 해 놓고, 그 고객한테 뭘 해야 하는지도 까맣게 잊고 있다가 제가 말을 하니 그때서야 영양제 준비해서 고객 모시고 수액실로 이동하는데 30분 넘은 시간을 허비했어요. 정말 어이가 없어요 어떻게 관리하는 게 좋을까요?"

"실장님, 혹시 어제 VIP 고객 방문 내용 전달하면서 9시에 영양제도 같이 준비하라고 지시하셨어요?"

"아니요! 9시에 VIP 고객이 온다고 말하면 당연히 준비해야 되는 거 아닌가요? 그래서 시간까지 알려준 거구요."

"실장님! 혹시 그 직원이 준비를 해야 하는 상황임을 알고도 놓쳤다고 생각하십니까?"

"그렇죠. 어제도 VIP가 왔고 VIP 케어를 한 번 했으면 오늘도 당연히 알아서 준비해야 되는 거죠. 관심이 없으니 이런 일이 벌어진다고 봅니다."

통화의 핵심 내용은 이렇다. 실장은 VIP를 제대로 케어하지 못한 신입 직원의 일머리를 지적하고 싶었고, 이 직원을 계속 고용해도 될 것인지를 고민하고 있었다. 이 경우도 정보를 가진 자는 실장인 반면 신입직원은 VIP가 9시에 온다는 정보만 얻은 상태다. 정보의 비대칭 상황이며 정보 전달 과정에서 일어나는 아주 흔한 일이다. 실장의 속마음은 '직원이 센스가 없어서 그런 거야! 이런 것까지 말해줘야 해? 그럴 거면 내가 다 하지. 얼마나 더 일일이 알려줘야 해?라는 생각이었다. 그래서 일머리 없는 직원으로 낙인을 찍었을 것이다. 반면 신입직원의 속마음은 '정확하게 지시를 해줘야 알지 내가 어떻게 알아? 내가 실장 머릿속을 들여다볼 수 있는 능력이 있는 것도 아니고... 알아서 하는 것도 한계가 있지 기준도 없이 알아서 하라니 저런 사람이 무슨 리더야?라고 생각했을 것이다. 리더의 자격이 부족한 사람으로 판단했을지도 모른다.

위 두 사례는 직원 상호 간의 사례지만 사실 병원은 의학이라는 어려운 학문으로 생명과 직결된 의료행위를 하는 곳이다. 때문에 병원 내 정보 비대칭 상황은 고객과 의료진(병원 관계자 포함) 뿐만 아니라 각 부서 간 심지어 부서 내에서도 크게 드러난다. 이런 정보 비대칭이 상존하는 병원에서 만약 행정과장과 A 병원 실장처럼 정보를 가진 자가 상대에게 정보를 넘치도록 주지 않는다면? 그리고 의료진이 환자에게 정보를 넘치도록(충분히) 주지 않는다면?

첫 번째, 몰라서 질문을 못 하는 경우 받는 것에 국한된 정보만 얻거나, 두 번째, 자신이 궁금한 걸 다 알려 주지 않으니 자꾸 질문하게 되는 상황이 벌어진다. 전자의 상황에서 야기될 수 있는 문제는 다른 병원에서 넘치도록 정보를 잘 주게 되면 우리 병원은 상대적으로 불친절하고 설명도 잘 안 해주는 병원이 될 가능성이 높다. 후자의 상황에서 생길 수 있는 문제는 '물어야 답을 해주는 병원'이라는 생각을 심어주고, 자꾸 물어보면 당돌한 진상 고객으로 낙인찍는다는 점이다. 결국 직원의 태도에 마음이 상한 고객에게 우리 병원은 고객을 귀찮아하는 병원으로 인식될 가능성이 높다.

아들의 검진을 위해 찾아갔던 B 비뇨기과의 사례는 주목할 만하다. 그 병원의 시스템은 장담컨대 '더 이상의 질문이 나오지 않도록 설명하고, 모든 상황을 예측 가능하도록 안내하자'인 것 같다. 접수에서는 예상 대기시간 안내, 검사 처방에 따른 필요성과 순서 설명 심지어 진료실에서는 이해를 돕기 위해 그림을 그린 뒤 상세한 설명도 해주셨다. 매 접점마다 예측이 가능하니 불안 불편함이 줄어들었고, 자료를 보면서 설명을 듣고 나니 남자의 비뇨기과 영역을 모르는 여자지만 추가 질문 따위는 필요가 없었다.

_____ 작은 맥락으로 대화했더라면

이런 정보 비대칭을 해결하기 위해선 아래 내용으로 실천해 보자. 우선 큰 맥락 대화와 작은 맥락 대화는 어떻게 다를까?

큰 맥락 대화는 대화의 맥락을 어림잡아 이해하는 형태를 말한다. 다시 말해 이심전심 또는 내 맘 모르겠니? 말해야 알겠어? 와 같은 의미로 볼 수 있다.

어머니 : 아들아! 비가 올 것 같아.
아들 : 네 어머니 그럴 것 같네요.
어머니 : 비가 오면 빨래를 걷으란 말이지. 왜 말귀를 못 알아듣니?

부장 : 김 주임! 이번 병원 행사 있는 거 아시죠? 현수막 준비하세요.
주임 : 행사가 두 개라 어떤 행사 말씀하시는지요? 그리고 어디에 부착할 건지 알려주세요. 그리고 행사 참여 유도하는 내용으로 할지 일정을 알리는 내용으로 할지도 알려 주세요.
부장 : 그것까지 말해 줄 것 같으면 차라리 내가 하지.

의사 : 혈액검사 결과가 안 좋으니 우선 지켜봅시다. 약 처방해 드릴 테니 잘 챙겨 드세요.

환자 : 어떤 부분이 어떻게 안 좋은 건가요? 약만 먹으면 좋아지는 건가요? 며칠 뒤에 오면 되나요?

의사 : 검사한다고 했던 부분들 모두 안 좋아요. 그래서 약 드시라고 하는 거죠. 좋아지는지 어떤지는 약을 드셔 보셔야 알 수 있습니다.

작은 맥락 대화는 목적과 이유를 명확하고 구체적으로 표현하는 것을 말하며, 두세 번에 걸쳐 번복하지 않고 상호 효율적으로 마무리하겠다는 의미로 볼 수 있다.

어머니 : 아들아! 비가 올 것 같아. 마당에 있는 빨래를 걷어줄래?

아들 : 네. 어머니!

부장 : 이번 칭찬 릴레이 행사 현수막 디자인이 필요한데. 고객들이 볼 수 있도록 건물 외벽에 부착할 것이니 사이즈 확인하고, 행사에 참여할 수 있는 동기부여 형태의 내용으로 기획해서 내일 퇴근 전까지 이메일로 보내주면 좋겠어. 중간에 도움이 필요하거나 모르는 거 있으면 도움 요청해.

주임 : 네. 부장님!

의사: 여기 결과지 같이 보시겠습니까? 혈액검사 수치가 정상인 경우

파란색인데 전체적으로 노란색으로 표기되어 있죠? 지금은 주의 단계라 너무 걱정 안 하셔도 되지만, 약물 치료는 하시는 게 좋을 것 같습니다. 2주간 약 드시면서 식단 조절 같이해 주시고요, 다음 내원하시는 날 재검사하고 결과를 비교해보겠습니다. 약 처방해 드릴 테니 잘 챙겨 드시고 간호사가 식단 안내도 해줄 겁니다. 설명 잘 들으시고 2주 뒤에 뵙겠습니다.

환자 : 네, 원장님!

작은 맥락 대화는 말을 하는 '목적'과 '이유'를 분명히 하고, 부가 설명이 필요한 경우 누가 무엇을 어떻게 언제까지 등등 구체적인 설명까지 전하는 것으로 요약할 수 있다. 의사가 환자에게 말하는 목적도 마찬가지다. 환자가 정보를 정확하게 이해하도록, 필요한 경우 스스로 건강관리를 할 수 있도록 방법을 가르쳐 주는 것이며, 잘 회복할 수 있도록 돕는 것이다.

앞서 언급한 작은 맥락 대화를 이해하고 효율적인 소통을 원한다면 아래의 내용을 잘 실천해보자.

당돌한 태리의 채용 에피소드

(목적) "팀장님! 혹시 책임감 있고 마인드 좋은 제자 소개 부탁드려요.

(이유) 1층 안내 데스크 알바생이 다른 곳에 정직원으로 채용돼서 당장 다음 주부터 자리가 비게 되거든요.

(추가 설명) 근무 시간이나 나머지 구체적인 정보들은 오후에 메일로 전달해 드릴게요"

"제가 한 번 알아보겠습니다. 오후에 메일 내용 확인 해 볼게요"

"네 팀장님! 가능한 학생 있으면 오리엔테이션 하는 날 이력서 한 부 지참해서 오라고 전해주세요. 그날 팀장님과 같이 오리엔테이션을 하면 될 것 같습니다."

그리고 메일로 받은 자료를 태리에게 전달하고 가능 여부를 묻고 오리엔테이션에 왔다면 어떻게 일을 해야 하는지, 어떤 마음으로 일을 해야 하는지, 이 부분만 트레이닝을 하면 마무리될 상황이었다. 그러면 태리는 당돌한 아이가 되지 않아도 되었을 것이다.

A 병원 실장과 센스없는 신입 직원 에피소드

(목적) "신입 선생님 내일 9시 VIP 케어 있으니 1번 코스로 세팅해주시구요. 접수하시면 바로 수액실로 모셔 주세요."

(이유) 11시에 병원에서 나서야 하니 시간에 맞게 신경써 주셔야 해요.

(추가 설명) 앞으로 VIP 케어는 코스별로 진행할 예정이니 참고해 주

시고 구체적인 교육은 컨설팅 회사에서 해 줄 겁니다. 당장 궁금 한 건 나한테 물어보시면 되고요."

이렇게 지시한 후 아침 출근과 동시에 한 번 더 확인했다면 신입 직원은 일을 체계적으로 배울 수 있는 병원에 입사했다는 생각이 들어 배움을 게을리하지 않았을 것이다. 또한 이 상황들이 반복되다 보면 익숙해져서 지시 없이 차트 상황만 보고도 알아서 일을 해 낼 수 있는 신규 직원이 될 것이다. 직원들이 센스있고 체계적으로 일하길 바란다면 리더도 체계적으로 지시해야 한다.

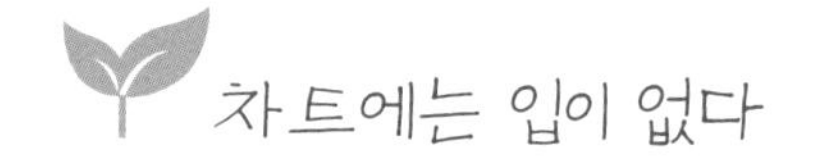

차트에는 입이 없다

몇 년 전 개원한 쁘띠 시술병원에서 보톡스 할인행사를 한다기에 친구와 함께 병원을 찾았다. 친구는 이마를 나는 턱을 맞기로 하고 바깥에서 대기했다. 친구의 이름이 먼저 호명되어, 잠시 화장실 갔다고 말하니 나더러 먼저 들어오라고 했다. 긴장된 마음으로 시술실에 들어가서 앉았다. 그리고 잠시 후 의사가 들어왔다.

다짜고짜 묻는다.

"이마 보톡스 맞아 본 적 있으세요?"

"아니요. 없어요."라고 말을 했다. 그리고 이마도 주사를 맞으라는 뜻인가?라는 생각을 했다.

"그러시구나! 시술하겠습니다. 마취연고를 바르지 않아 많이 따끔할 수 있습니다. 눈 감으시고요."

무서워서 주먹을 꽉 쥐고 눈을 감았다. 그런데 알코올 솜으로 이마를 닦는 게 아닌가? 이건 무슨 상황이지? 싶어서 눈을 뜨고 물었다.

"저는 턱 보톡스 맞기로 했는데요?"

의사는 당황한 목소리로 "김수진 님 아니세요?"라고 물어보셨다.

"지 문혜영입니다."라고 말하면서 두리번거리니 급하게 사과를 하고 턱 시술을 시작하겠다고 했다. 그리고 시술받는 동안 별의별 생각이 다 들었다. 진료 순서가 바뀌면 당연히 차트도 바뀌어야 하고 의료진에게도 내용 전달을 해야 하는데 그 행위를 간호조무사가 실수로 빠트린 것이다. 환자 확인과 관련한 경험담 두 가지를 더 소개하겠다.

먼저, 출산하고 얼마 되지 않아 비염으로 이비인후과를 찾았다. 오랜만에 찾은 병원이지만 늘 그렇듯 한적했다. 대기자는 두 사람이 전부였다. 한 명의 대기 환자는 열심히 핸드폰을 만지고 있었고 다른 한 명의 대기 환자는 열심히 진료실만 바라보고 있었다. 나도 접수를 한 뒤 대기실 맨 끄트머리에 자리 잡고 앉았다. 간호사가 환자를 호명하니 진료실만 쳐다보고 있던 환자가 일어서서 진료실로 들어갔고 간호사는 늘 그렇듯 환자를 뒤따라 들어갔다. 곧 내 차례겠지 생각을 하고 있는 찰나 진료실로 들어간 환자가 다시 밖으로 나오면서 간호사와 얼굴을 붉히며 대화를 했다. 상황이 심상치 않다고 여긴 나는 무슨 일인지 유심히 지켜봤다.

"성숙영님 아니세요?"

"아닌데요, 저는 송수경인데요?"

"저는 성숙영님 불렀는데요."

"이름이 비슷해서 저를 부른 줄 알았죠."

"어휴! 알겠습니다. 대기하세요. 성숙영님~~ 진료실로 들어가실게요."

당시는 내가 병원업에 종사하지 않던 때라 누구의 잘잘못에 대한 판단보다 직원과 환자의 실랑이에 관심이 더 많았던 것 같다. 병원 담당자는 환자에게 사과 한 마디 하지 않았고 돌아 나온 환자는 무척 민망하겠다는 생각이 들었다.

다음은 코칭하던 병원에서 벌어진 일이다. 원무과가 바빠 보여 내가 접수 수납 업무를 잠시 도와주고 있었다. 진료가 종료되면 처방전이 자동으로 프린트되어 나오는 시스템이고 단말기와 전산이 바로 연결되어 있어서 카드를 꽂으면 수납도 자동적으로 가능했다. 그렇게 수납을 돕는 도중 두 사람의 수납을 동시에 해야 되는 상황이 발생했다.

두 분의 처방전은 이미 출력이 되어 있었다. 한 분은 처치실로 이동했고, 한 분은 수납하러 내 앞으로 오셨다. 환자 이름을 확인하고 수납까지는 잘 처리했는데 처방전을 전달하는 과정에서 수납을 먼저 했으니 처방전도 먼저 나온 걸로 전달하면 된다는 관성적인 생각으로 그만 타인의 처방전을 전달하는 실수를 저지르고 만 것이다, 물론 약국에서도 잘못 전달받은 처방전 약을 조제해서 그 환자에게 그대로 전달했다. 그리고 몇 분 후 약 처방전이 잘못 전달된 사실을 알게 되었다. 약을 잘못 받아 간 그 환자에게 약을 다시 보내드리긴 했지만, 머리가 멍해지고 심박

수가 빨리지는 나의 신체적 변화는 꽤 오랜 시간 지속되었다. 코칭을 마치고 귀가 후 아찔했던 그 상황을 되감기 했다. 약 처방이 바뀐 사고가 단순한 해프닝일까.

_____ 관성의 법칙

진료 환자와 약 처방전이 바뀌는 상황, 무엇 때문에 이런 일이 벌어지는 것일까?

☐ 환자가 진료실로 잘 못 들어간 상황을 짚어 보자.

1. 환자 이름을 호명하고 진료실 들어가기 전 환자 확인을 하지 않았다. 왜? **당연히 호명한 그 이름에 해당자가 진료실로 들어올 거라 생각**했다.

☐ 처방전 상황을 짚어보자.

1. 환자 이름을 부르며 처방전과 대조하지 않고 처방전 나온 순서대로 건네주었다. 왜? 처방전이 순서대로 나온다는 경험을 통해 그날도 **당연히 그럴 것이라 생각**했다.

2. 약을 조제하고 난 뒤 약사가 환자 이름을 불렀지만 자신의 이름이 아닌 상황에서도 약을 받아 갔다. 왜? 약국에 자기밖에 없으니 **당연**

히 자신의 약이라 생각하고 이름을 흘려들은 것이다.

발치를 대기하고 있던 두 환자의 차트가 잘못 들어가서 서로 다른 치아를 발치했다면?

혈액검사 키트가 바뀌어서 결과 통보가 잘못되었다면?

저혈압 환자가 진정제를 먹었다면?

상상만 해도 아찔한 상황이다. 내 가족이나 내가 이 상황의 주인공이라면 어떤 마음일까? 왜 이런 사고는 좀처럼 사라지지 않는 것일까?

바로! **늘 하던 대로 하는 '관성적인 태도' 때문**이다.

· 병동에서 환자 확인하고 수술실로 내렸을 거니까 따로 확인할 필요 없겠지?

· 간호사가 알아서 환자 확인한 후 진료실로 모셨겠지?

· 동명이인이 많네? 어제 오신 이 분 맞으시겠지?

같은 일을 반복적으로 하다 보면 일정한 규칙성을 습득하게 되고 '이 정도쯤이야'라는 안일함이 생기기 마련이다. 건설 회사에서 안전 불감증으로 인한 사고가 발생하는 것처럼 말이다.

병원에서는 환자 확인과 관련된 사고를 줄이기 위해 다양한 자구책을 쓰고 있다. 나는 의료행위와 관련한 일에 직접 관여하지 않기 때문에 환자 확인과 관련해 더 깊고 구체적인 내용으로 다루는 데 한계가 있을지 모른다. 하시만 서비스를 책임지고 환자 경험에 대한 연구를 하는 직업인으로서 본다면 의료영역에서 환자 확인은 반드시 필요한 부분이고, 잘못 실행하면 불안감이나 불쾌감을 조장할 수 있는 서비스 부분과도 밀접한 관계성을 가지고 있다. 때문에 서비스 측면에서는 환자 확인을 현명하게 하는 방법을 제시하는 게 중요한 포인트다.

_____ 그래도, 이름을 불러주세요

환자가 뒤바뀌는 문제를 해결하기 위해 아래 내용으로 실천해 보자.

친구이자 동료인 수술실 수간호사가 환자 확인 시스템에 대해 자부심을 가지고 있다고 말했다. 그 시스템은 다음과 같다.

① 입원실에서 환자 확인 후 수술실 이동한다.

② 수술실 인계 시 상호 간 환자 확인한다.

③ 인계받은 환자 수술실 이동한 후 다시 환자 확인한다

④ 수술 전 마취과 원장이 최종 확인 후 마취 실시한다.

내가 들어도 신뢰감이 생길만한 시스템이다. 그런데 애로사항이 있다고 했다. 다름 아닌 환자 확인을 여러 번 하니 오히려 환자가 불안해한다는 것이었다. 그러니까 환자 입장에선 환자 확인의 중요성은 알지만 확인을 여러 번 하는 시스템은 모르니 거듭 환자 확인을 하는 상황에 불안해할 수도 있겠다, 싶었다. 간단한 해결책이 있다.

"000님 수술실로 이동하겠습니다. 수술실에서 지금처럼 이름과 주민번호와 수술 부위를 여러 번 물을 겁니다. 안전하게 수술해 드리려고 물어보는 것이니 불안해 마시고 대답해 주시면 됩니다."라고 추가 한마디 하면서 왜 우리가 환자 확인을 열심히 하는지 알려주는 것이다. 사전에 이 설명을 들은 환자는 환자 확인이 외려 고마운 질문이 되지 않을까.

쁘띠성형외과와 이비인후과의 상황에서 일어난 실수는 여기, 오늘도 곳곳의 병원에서 일어나고 있는 일들이다. 이를 방지하기 위해 의료진과 간호(조무)사 모두가 함께 애써야 한다. 멀찌감치 앉아계신 환자를 진료실 앞으로 오게 하는 호명과 진료실로 들어갈 환자가 본인이 맞는지 확인하는 건 완전히 다른 개념이다. 불렀다고, 왔다고, 모든 게 확인된 건 아니라는 말이다. 호명한 뒤 진료실 앞에 도착하면 "000님 맞으시죠? 신료실로 들어가실게요."라는 확인형 대화를 통해 자연스럽게 환자 확인을 놓치지 않도록 한다. 시간이 없어서 환자 확인이 어렵다면(그래도 최선을 다해 확인을 해야 한다.) 적어도 진료실 들어가기 전 환자 이름을 한 번 더 불러주길 바란다. "000 니임~~~ 진료실 들어가실게요."라고.

의료진들의 진료 전 환자 확인은 예외 없는 필수 부분이다. 이비인후과 원장은 진료 전 환자 확인을 했기 때문에 환자가 바뀌어서 들어 온 사실을 알게 된 것이고, 쁘띠 시술원장은 시술 전 환자 확인을 하지 않았기 때문에 다른 부위 시술을 하는 실수를 범할 뻔했다. 이런 것은 외래를 담당하고 있는 간호사(또는 간호조무사)가 해야 되는 일 아닌가?라는 생각이 들겠지만 환자 확인의 마지막 책임은 의료진에게 있다. "어디가 불편하세요?" 보다 "000 님 어디가 불편하세요?" 이 한마디면 된다. 쉽지 않나?

처방전이나 각종 서류를 전달할 경우도 마찬가지다. 처방전이나 서류에는 입이 달려 있지 않아서 종이에 적힌 이름을 또박또박 불러주어야 한다. 처방전에 적힌 이름을 보면서 "000 님 처방전 여기 있습니다."라고 하면 된다.

제3장

컴플레인 관리

어느 조직에나 장단점은 있기 마련이다.
단점을 없애는 것보다 장점을 업그레이드하는 것,
단점을 희석시키면서
문제를 사전에 예방하는 방법이 효율적이다.

리모델링은 비우는 것으로부터 시작된다. 완전히 비우고 나서 다시 채워 넣어야 한다. 이를테면 망가진 것은 버리고, 고장 난 것은 고치고, 필요한 것은 새로 채워 넣어야 한다는 것이다. 컨설팅도 마찬가지다. 어떻게 비우고 채우고 보강할 것인가에 주목해야 한다.

첫 컨설팅 하는 날, 들뜬 마음으로 병원 입구에 들어섰다. 미팅하러 갔던 날 (다행이라고 해야 하나?) 보이지 않았던 다양한 모습들이 보이기 시작했다. 고객도 많았지만 너무 많은 유, 무형의 것들이 각기 다른 형태로 병원을 꽉 채우고 있었다. 그리고 데스크 앞은 역시 어수선하다 못해 건조했다. 일촉즉발 같은 이 건조함에 불씨를 당기는 한마디가 내 귀에 들어왔고 비움을 위한 컴플레인 컨설팅이 시작된다.

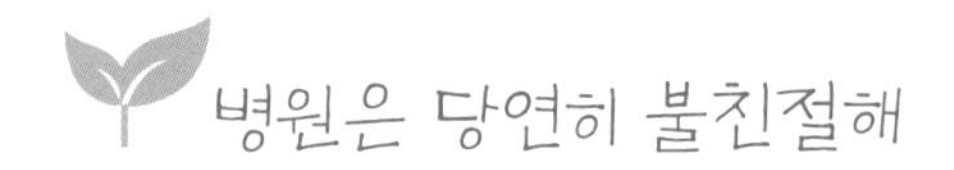

병원은 당연히 불친절해

내가 지인들로부터 많이 듣는 말은 '병원은 불친절하다'는 것이다. 이 말은 과거 '동사무소는 불친절하다'라든가 '은행은 문턱이 높다'와 같은 용법으로 쓰인 적이 있었다. 신자유주의 무한경쟁체제가 도입되면서 동사무소는 주민센터가 되었고, 은행 문턱이 문지방 수준으로 낮아졌지만, 병원은 불친절하다는 얘기는 여전하다. 아마도 내가 병원 종사자다 보니 내게 하소연하는 경우도 많으리라. 불친절한 병원에 대한 얘기들을 모아 분류를 해보면 크게 두 가지로 나뉜다. 시스템의 문제와 구성원의 문제다. 어떤 게 더 중요할까, 시스템이 먼저일까, 아니면 구성원 먼저일까? 나도 최근까지 궁금해했고, 아직도 궁금한 부분이 많은 문제로 남아 있다. 우선순위는 독자들 선택에 맡기고, 나는 분류된 두 가지 기준 중 구성원 문제 부분을 조금 더 상세히 다뤄보겠다.

왜 불친절하면 안 될까, 불친절하면 병원에 어떤 문제가 생길까? 불친절하다고 느끼는 순간 고객은 대놓고 병원 측에 화를 내거나 다른 방법을 통해서 그 화를 표현한다. 이 상황을 우리는 컴플레인이라 하고 고객이 서비스 품질에 만족하지 못해 생기는 것이라고 정의한다. 컴플레인은 불만족 즉, 욕구가 채워지지 않아서 생기는 현상이라 말할 수 있다. 이런 컴플레인은 각자 욕구가 다르고 다양하기 때문에 다양한 형태로 드러나는 게 특징이다. 컴플레인을 100% 해결하는 마법과도 같은 일은 애초부터 없다고 봐야 한다. 만약 그런 방법이 있다면 거금을 들여서라도 배우고 싶은 마음이다. 컴플레인을 다루는 부서나 부서장들이 가장 어렵다고 하는 이유가 바로 이 때문일 것이다. 그렇다고 물러설 수 없지 않은가? 내가 '병원 컴플레인은 해결하기보다 관리하고 예방해야 한다.'라고 말하는 이유가 여기에 있다.

해결은 '다시 일어나지 않도록 조치하는 것이다'라는 의미로 본다면 관리와 예방은 '일어날 수 있는 상황을 최대한 적게 만들거나 일어나더라도 상호 이해할 수 있는 수준에서 마무리될 수 있도록 한다는 뜻이다. 이제부터 다루게 될 다양한 컴플레인 상황들과 그 원인을 제대로 마주하고 각자 자기 자신에게 맞는 선택지를 사용하길 바란다.

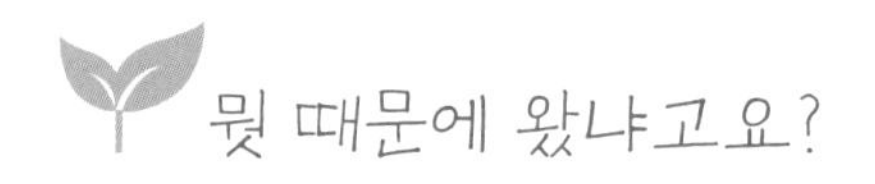

“진단서 발급해 주세요.”

“고객님! 뭣 때문에 그러시는데요?” 지우는 밝은 목소리로 응대했다.

“뭣 때문이라니요. 필요하니깐 달라는 거죠. 참 어이없네.”

“고객님 그게 아니라 어디 제출하실 건지 말씀을 해주셔야 상황에 맞게 발급해드리죠. 말씀도 안 해주시고 저보고 어이없다고 말씀하시고 너무 하시는 거 아닙니까?”

“너무하다고요? 이것 보세요. 고객이 필요해서 서류 달라고 했는데 뭣 때문이냐고 물어보는 게 맞는다고 생각해요? 당신 교육 다시 받으세요.”

고객은 휙 돌아서서 가버렸고 주변에 있는 동료들과 고객들은 모두 지우를 쳐다보고 있었다. 사무실에 들어온 지우는 흐느끼며 박 팀장에게 말했다.

“팀장님, 제가 뭘 잘못했나요? 발급 용도를 써야 하니 물어본 건데 저보고 교육 다시 받으라고 하고, 어이없다 하고, 저랑 서비스업이랑 안 맞나 봐요. 저 이번 날까지만 하고 그만 할래요."

"그 고객이 이상한 거야. 신경 쓰지 마. 병원에서 일하다 보면 아픈 고객들 천지라 예민한 분들 많으셔. 일일이 다 대응하려면 너만 힘들어져."

박 팀장은 웃음기 없는 표정으로 한숨을 내쉬더니 사무실 밖으로 나가면서 혼잣말을 했다(얼마나 참고 기다려야 하나).

한바탕 큰 소란을 치르고 며칠이 지났다. 지우가 고객과 또 언쟁을 벌이고 있는 게 아닌가? 돌이켜 보면 지우는 다른 직원들에 비해 고객과 마찰이 잦았다. 그리고 박 팀장은 상황마다 위로와 도움을 주는 데 한계를 느꼈다. 이 상황은 어떤 오류들이 숨어 있을까?

_____ 기준이 다른 태도는 모두에게 상처

첫 번째 오류는 지우의 불편한 단어 선택이다. 목소리는 친절했지만, 그 단어는 불친절했다. "무엇 때문에 그러시는데요?" 바로 이 부분이다. 지우의 의도는 '제출 용도를 알려주시면 상황에 맞게 발급해 드리겠습니다.'지만 고객은 '네가 이유를 말해주지 않으면 발급해 줄 수 없다.'는 의미로 받아들였다. 형태는 의문형이지만 본질은 명령문으로 상대방의 불편한 감정을 불러일으키기에 충분했다. 아무리 내 의도가 선하다고 해도 고객은 그것과 상관없이 해석할 수 있기 때문이다. 다음과 같이 바꿔보자.

▷지우의 실천 과제

<의미가 구체적인 단어+청유형의 문장을 사용하자>

불편한 단어	의미가 구체적인 단어
무엇 때문에 그러시나요?	어떤 용도로 사용하실지 알려주시겠습니까?
왜 그러시죠?	무슨 용건인지 구체적으로 말씀해주시겠습니까?
어떤 일로 오셨어요? 무엇 때문에 오셨어요?	무엇을 도와드릴까요?
접수는 여기로 오세요.	접수는 제가 도와 드리겠습니다.
성함이요.	성함 말씀해주시겠습니까?
앉아계세요.	앉아서 대기해주시면 성함 불러드리겠습니다.
들어가세요.	진료실로 들어가실게요.
기다리세요.	잠시만 기다려 주시겠습니까?
모르겠는데요.	확인하고 도와드리겠습니다.

_____ 직원이 나갈까 봐 눈 감고 아웅

두 번째는 피드백 과정에서 박 팀장이 저지른 오류이다. 리더는 직원들이 업무를 잘 수행할 수 있도록 지지하고 지원하는 사람이다. 그런 의미로 본다면 박 팀장이 지우에게 건넨 위로는 지우에게 도움이 될 수도 있다. 그러니까 "그 고객이 이상한 거야. 신경 쓰지 마. 병원에서 일하다

보면 아픈 고객들 천지라 예민한 분들 많으셔. 일일이 다 대응하려면 너만 힘들어져."라던 박 팀장의 말.

이런 무조건 지지가 옳은 것인지 생각해 볼 필요가 있다. 심지어 지우는 이번 일이 처음이 아니라 반복적으로 문제의 중심에 노출되어 있다. 그렇다면 예민한 고객만의 문제로 돌리기엔 무리가 있어 보인다. 이런 임시방편의 피드백은 지우에게 도움이 되기보다는 며칠 후에 벌어진 반복 상황을 유발할 뿐이다.

▷ 박 팀장의 실천 과제 <정서적 지지+사실에 기반한 피드백>

정서적 지지 --> 많은 사람들 앞에서 망신당한 상황

: 지우야! 당황스러웠지? 많이 놀랐겠다.

사실에 기반 한 피드백 --> 감정을 상하게 하는 말

: 네 의도와 다르게 고객의 감정을 상하게 하는 말이 있는지 파악하여 의도에 잘 맞도록 바꿔 사용해보면 어떨까?

이렇게 마무리하면 될 것 같지만 사실 더 큰 문제는 앞서 언급한 두 가지 오류가 아닌 것에 있다. 두 개의 오류에 주목하다가 놓친 진짜 중요한 문제가 있다.

_____ 안전한 조직_업무상 실수와 감정을 분리하기

우리는 얽히고설킨 관계 속에서 크고 작은 상처를 스스로 치유하며 살아간다. 지우 또한 영문도 모른 채 그저 고객들에게 컴플레인을 자주 받고, 서비스업이 맞지 않다고 판단하며 스스로를 위로하고 치료하며 하루하루 지내왔던 모양이다. 그런 지우가 하소연하는 상황에서 박 팀장은 웃음기 없는 표정으로 한숨을 내쉬더니 사무실 밖으로 나가면서 혼잣말을 했다(얼마나 참고 기다려야 하나). 박 팀장의 모습에 지우는 더 상처를 받은 듯 고개를 떨궜다. 그리고 다음 날 사직서를 제출했다. 박 팀장은 지우를 한심하다는 듯 쳐다보았다.

"지우 선생님! 이런 일 다반사인데 그렇게 멘탈이 약해서 어쩌시려고. 다른 병원 가면 이런 일 없을 것 같아? 다 똑같아. 좀 신경 쓰라고 한 말에 상처받고 그러면 사회생활 가능하겠어? 다 잘되라고 하는 말인데 말이지. 지금까지 야단 안치고 조용히 봐줬더니 다 헛일이었네. 요즘 애들 저렇게 약해 빠져서 큰일이다. 어휴."

지우는 팀장의 말에 퇴사 결심이 더 확고해진 듯했다. 며칠 뒤 지우는 병원 인사 담당자와 퇴사 면담을 진행했다.

"지우 선생님! 많이 힘드셨나봐요. 퇴사 결심은 확고한 건가요?"

"네! 과장님. 팀장님 일 하는 방식이 저랑 너무 안 맞는 것 같아요."

"어떤 부분이 제일 힘들었어요?"

"항상 괜찮다, 괜찮다 하셨지만 결국 안 괜찮은 거였잖아요. 제가 봐달라고 한 적 없고, 요즘 애들 나약하다며 정말 한심하다는 듯이 표정을 지으며 말씀하시는데 뒤통수 맞은 기분이 들고, 솔직히 환자 컴플레인보다 팀장님 말에 더 화나고 자존심 상했어요."

"그러셨구나. 그럼, 지우 선생님은 팀장님이 어떻게 해주면 퇴사를 고려해 볼 건가요?"

"애초에 잘못된 부분을 지적하고 가르쳐 주시든지, 제가 정말 잘못한 게 없다면 뒤에서 한심한 사람 취급을 하지 말든지. 뭐가 뭔지 모르겠어요. 못 믿겠어요. 사직 처리 부탁드립니다."

급기야 사표를 낸 지우를 보면 안타까운 상황이다. 리더가 조금만 포용했더라면 사직이라는 극단적 상황까지 갈 사안이 아니었기 때문이다. 얼핏 지우의 사례를 보면 '그럼 실수를 내버려 두란 말이야? 한두 번도 아니고 언제까지 봐줘야 해?'라는 생각이 들 수도 있다.

나도 처음엔 그런 생각을 했다. 내버려 두고 무작정 봐주라는 뜻이 아니다. 앞서 두 번째 오류에서 다뤘듯이 피드백은 꼭 필요하다. 다만 여기서 언급한 안전한 조직이란 방치하고 덮어 두라는 의미가 아니라 실수와 감정을 분리해서 관리하라는 것이다.

흔한 예를 들면 "너 또 환자분께 감정적으로 응대했니? 너 도대체 왜 그러니? 내가 어제도 그렇게 하지 말라고 알려줬잖아. 몇 번을 말해야 알아듣겠니? 내 말이 우습게 들리니?" 이 피드백은 'YOU 형 대화법'으로 실수는 상사의 말을 우습게 아는 직원이라는 의미로 해석된다.

▷ 박 팀장의 리더십 실천 과제 '안전한 조직문화 조성'

누군가의 실수로 고객에게 서비스 제공에 실패했더라도 최소한의 직원 보호 장치가 있어야 한다. 이를테면 박 팀장이 사실에 근거한 'I형 대화법'을 사용했다면 어땠을까.

"고객과 마찰이 있었다고 들었는데 혹시 어떤 상황이었는지 나에게 알려주겠니? 최근 이런 컴플레인에 반복적으로 노출이 되던데 어떤 부분에 문제가 있는지 같이 찾아보자. 나도 도와줄게. 그런데 만약 너의 감정 컨트롤이 잘 안 돼서 실수가 잦아지는 거라면 며칠 전 교육받은 내용을 다시 상기시켜서 반복 연습하고 같은 실수가 반복되지 않도록 신경 써서 응대해주면 좋겠어."

실행하지 않으면 실패도 없다. 실수가 잦다는 건 그만큼 많은 서비스를 제공하고 있다는 의미이기도 하다. 만약 병원 직원들이(환자와의 접점 서비스를 제공해야 하는) 서비스와 관련한 실수에 대하여 두려움이 있다면 어떤 마음으로 직장 생활을 하게 될까?

반면 병원에 대하여 직원 보호 장치가 있는 안전한 조직(나의 실수에 대하여 보호하고 관리해주는)이라는 믿음이 있다면 직원들은 고객을 대하는 태도부터 달라지지 않을까.

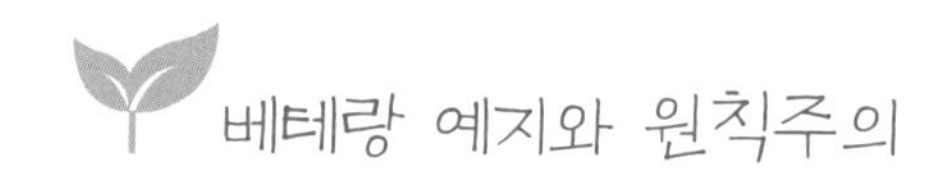

베테랑 예지와 원칙주의

그렇게 지우는 퇴사를 하였고 팀장은 경력이 화려한 베테랑 예지를 뽑았다. 알아서 잘할 수 있다고 판단했기 때문이다.

"예지 선생님! 여기가 근무할 원무과 자리입니다. 잘 부탁드립니다."

"네~ 잘해보겠습니다."

그리고 베테랑 예지 선생님은 나름 잘 적응하는 듯 보였다. 며칠 뒤 또 한바탕 소란이 일어났다.

"이수인 어머니! 저희 접수가 마감되어 오늘은 오후 진료만 가능해요."

"네? 지금 12시 30분인데요? 점심시간 1시 아닙니까? 그럼, 접수를 해 주셔야지요."

"저희 병원 원칙이 12시 30분까지 접수 마감이라 그렇습니다. 오후 접수 도와드릴까요?"

"뭐라고요? 원칙요? 그럼, 진료 시간을 12시 30분까지라고 공지하든지 이게 뭡니까? 홈페이지녀 온 사방에 1시까지 진료라고 해 놓고 당신들이 만든 원칙을 내가 어떻게 아나요? 애가 아파서 둘러업고 와서 진료 좀 봐달라는데 원칙을 논하고, 원칙을 공지한 적 있어요?"

"수인이 어머니! 접수가 1시까지가 아니고요 진료시간이 1시까지라고요. 지금 대기하시는 분 진료 끝나도 1시가 넘습니다."

예지는 소리 지르는 보호자의 반응에 어이없다는 표정과 한 발도 물러날 기색 없는 자세로 원칙을 고수했고 결국 수인이 엄마는 그냥 발길을 돌렸다. 오전 업무가 종료되고 예지는 입맛이 없어 점심 식사를 하는 둥 마는 둥 하고 지친 몸을 이끌고 다시 원무 데스크에 앉아 오후 진료 고객접수를 시작했다. 예지는 또 다른 고객의 요청에 언성이 높아졌다.

"간병사님! 안 된다는데 왜 자꾸 그러세요? 원칙이 있다고요. 이건 안 되는 거예요."

"선생님! 며칠 전에도 환자랑 같이 진료보러 온 거 보셨잖아요. 저 아시잖아요. 요즘 어르신이 어지럼증이 심해 걷지도 못하는데 갑자기 배가 아프다고 하니 모시고 올 수도 없고 약 하나 대신 처방해 달라는 게 그렇게 어려운 일입니까?"

대리처방은 법적인 제약이 있어 조건에 맞는 상황에 조건을 뒷받침하는 증빙서류가 준비되어 있으면 가능하지만 그렇지 않을 경우 엄격하게 제한한다. 그래서 예지 선생님은 원칙에 대해 설명하며 안 된다는 말을 반복하고 있고, 환자 보호자는 알고 있지만 융통성을 좀 발휘해달라고 하는 상황이다. 이 상황에는 어떤 오류들이 숨어 있을까?

_____ 공감 먼저, 원칙은 나중에

첫 번째, 고객의 안타까운 상황을 남의 일처럼 대하였다. 수인이 엄마는 아이가 열이 나서 걱정되는 마음으로 달려왔고, 간병사님은 건강 상태가 좋지 않은 어르신 약이라도 챙겨드리고 싶은 마음으로 병원으로 달려왔지만, 예지 선생님은 원칙에 어긋나는 요청을 하는 그 자체가 이해되지 않아 고객 상황의 안타까움에 대한 표현은커녕 원칙을 지키지 않는 고객들이 무례하다고 느낀 듯하다.

▷ 예지의 실천 과제 1. '고객과 연결되어 보자'

'할많하않' 요즘 젊은 세대들이 많이 사용하는 할 말은 많지만, 하지 않겠다의 줄임말이다. 나도 줄임말로 표현해 보자면 '할많나하' 고객의 무리한 부탁에 대해 '할 말은 많지만, 나중에 하겠다'의 의미로 공감을 통한 상호연결되는 게 우선이며 연결된 후 사실을 말해도 늦지 않다.

'공감'이라는 단어가 제각각의 의미로 해석되고 사용되고 있지만 내가 알고 있는 공감은 어떤 조언이나 경험을 전달하는 등의 미사여구 없이 오롯이 상대가 느끼고 있는 그 감정을 알아차려 주고 말로 표현해주는 연결의 대화 방식이다. 다시 말해 고객의 입장에 공감한다는 것은 고객과 연결되어 도움자로서 그 역할에 충실하겠다는 의미이다. 이를 위해서는 상황을 좀 더 말랑하게 만들어 주는 연결의 언어가 필요하다.

1. 연결 : 수인이가 열이 나서 많이 놀라시고 걱정되시죠?
2. 사실 : 현재 접수 대기자가 많아 진료가 1시를 넘길 것 같습니다.

1. 연결 : 여러 가지로 건강이 나빠지셔서 많이 걱정되시죠?
2. 사실 : 대리처방에 따른 구비서류가 있어야 처방전 발행이 가능합니다.

두 번째, 상황이 다른데 똑같은 반응을 보였다. 두 컴플레인은 얼핏 보면 고객이 억지 부리는 상황으로 비슷해 보이지만 자세히 들여다보면 두 가지 상황으로 구분되어진다. 그러니까 수인이 엄마 컴플레인은 병원의 효율적인 경영을 위해 만들어진 기준에 대한 부분이고, 간병사의 컴플레인은 법의 원칙에 대한 부분이다. 수인이 엄마는 진료 시간표에 맞게 내원하면 접수가 가능하다는 보편적인 원칙을 가지고 내원했지만 접수가 안 된다는 안내에 불편함을 느꼈고, 보편적인 기준을 제시하면서 항의하자 우리병원 원칙이 그렇다는 설명에 그 불편함이 불쾌함으로 전환되어 감정 대립을 하게 된 것이다.

반면 간병사는 자신이 무리한 부탁을 하고 있다는 사실을 알고 있고, 예지 선생님의 원칙에 대한 안내에 크게 항의할 수 없는 게 사실이다.

▷ 예지의 실천 과제 2. '누구를 위한 원칙일까? 양해 구하기'

접수 시간을 12시 30분으로 마감하는 건 직원들의 점심시간을 확보하기 위해 만들어진 직원 보호가 목적인 원칙이다. 그러다 보면 보편적인 상황과 다르기 때문에 고객은 불편함을 호소할 수 있지 않을까? 원칙은 상호 협의 하에 잘 지켜질 때 비로소 빛나는 것이다. 즉 고객들이 인정하고 수용할 수 있도록 원칙이라는 단어보다 병원 상황에 대한 양해를 구하는 게 더 효과적이다.

1. 연결 : 수인이가 열이 나서 많이 놀라시고 걱정되시죠?
2. 사실 : 현재 접수 대기자가 많아 진료가 1시를 넘길 것 같습니다.
3. 유감(양해) : 바로 도움 드리지 못해 죄송합니다.

대리처방 금지법은 누구를 위한 법일까? 해석하기 나름이지만 약물 오남용 등의 문제도 포함되어 있을 것이다. 즉 환자 보호가 목적인 원칙이다. 이런 경우 그 기준이 명확하고 나라에서 정한 법이기 때문에 양해와 동시에 원칙에 대한 기준을 설명해(필요한 경우 자세하게) 주는 게 도움이 된다.

1. 연결 : 여러 가지로 건강이 나빠지셔서 많이 걱정되시죠?
2. 사실 : 대리처방에 따른 구비서류가 있어야 처방전 발행이 가능합니다.
3. 유감(양해) : 따로 도움드릴 방법이 없을까? 다양한 각도에서 확인해 봤는데 법 테두리에 있는 상황이라 위법을 하시라고 권유할 수 없으니 저도 참 난감합니다.

____ 공은 고객에게 차선책 청유하기

▷ 예지의 실천 과제 3. '차선책을 청유하기'

고객은 최선책을 요구하지만 원칙이 있으니 최선책은 불가하지 않은가? 그렇다면 거절이 끝인가? 며칠 뒤 병원경영을 끝낼 작정이라면 그렇게 해도 상관없다. 하지만 고객이 발걸음 하는 병원경영이 목적이라면 첫 만남도 중요하지만 고객이 기억하게 될 마지막 멘트에도 신경을 써야 한다. 노래방 가면 첫 노래보다 마지막 노래가 기억에 남듯이 말이다. 즉, 컴플레인 관리의 피날레는 차선책을 청유하는 것이다. 수인이 엄마에게는 오후 접수라도 도와드리는 건 어떤지, 간병사를 위해선 대리처방 조건에 대한 설명을 자세히 받아보는 건 어떤지 등등 말이다.

불과 몇 년 전까지만 해도 빗길 과속 금지라는 캠페인 문구를 도로 곳곳에서 볼 수 있었다. 명령문이었다. 최근에 내가 본 빗길 캠페인의 문구는 '빗길은 생각보다 미끄럽습니다.'라고 적혀 있었는데 '조심해 주세요.' 라는 청유형으로 읽혔고 꼭 조심하고 싶어졌다.

결혼식 축하를 마치고 돌아 나오는 골목길 전봇대에 예쁘게 디자인된 패널에 글이 적혀있었다. "본동사랑 어짤라고 쓰레기를 여기다 버릴라 카노." 쓰레기를 버리지 말아 달라는 청유로 읽혔다. 원칙을 내세우는 금지! 고발! 저승길 등의 강력한 메시지 대신 왜 부드러운 청유형의 말로 변했을까? 아마 청유에 동의하고 실천할 때 변화에 기여할 수 있다는 동기부여 이론에 바탕을 둔 것 아닐까.

이 이론을 일어난 컴플레인 상황에 대입해보면 예지 선생님이 차선책을 청유했고 고객이 그 청유에 동의하면 고객은 상황을 원만하게 만들었다고(기여감) 느낀다는 것이다.

고객이 차선책(청유)을 거절한다면 아쉽지만 우리가 할 수 있는 건 여기까지다. 그리고 돌아선 고객의 기억 속엔 불편함과 불쾌함이 남아 있겠지만, 차선책의 거절은 본인이 한 것이기 때문에 예지 선생님이 차선책을 제공하고자 최선을 다했던 모습도 동시에 기억에 남게 되는 긍정효과를 얻게 된다. 앞선 실천 과제에 아래와 같이 청유로 마무리하자.

1. 연결 : 수인이가 열이 나서 많이 놀라시고 걱정되시죠?

2. 사실 : 현재 접수 대기자가 많아 진료가 1시를 넘길 것 같습니다.

3. 유감(양해) : 바로 도움 드리지 못해 죄송합니다

4. 청유 : 번호표 뽑고 2시에 내원해주시면 저희가 최선을 다해 도와드리겠습니다.

1. 연결 : 건강이 나빠져서 여러 가지로 많이 걱정되시죠?

2. 사실 : 대리처방에 따른 구비서류가 있어야 처방전 발행이 가능합니다.

3. 유감(양해) : 따로 도움드릴 방법이 없을까? 다양한 각도에서 확인해봤는데 법 테두리에 있는 상황이라 위법을 하시라고 권유할 수 없으니 저도 참 난감합니다.

4. 청유 : 대리 처방과 관련해서 조건에 대한 상세 설명을 해드릴까 하는데 시간 되세요?

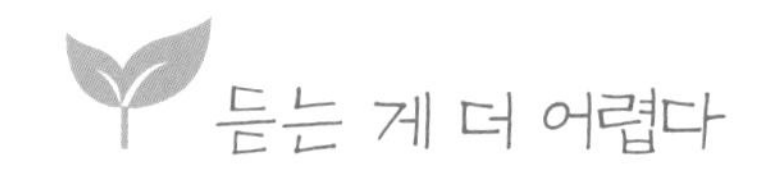

듣는 게 더 어렵다

여기까지가 컴플레인 말하기의 기본 원리이고 그 이론을 뒷받침하는 상황과 예시 대화도 제시했다. 끝일까? 끝이 아니다. 아무리 말하는 방법을 설명하고 연습을 시켜도 실패하는 경우가 더 많았다. 이유는 듣기의 오류가 빠져있기 때문이다. 시댁 가는 어느 날, 차 안에서 남편이 나에게 나긋나긋한 말투로 이렇게 말을 했다.

"혜영아, 나 일 그만두고 사업하면 어떨까?"

"잉? 사업? 그게 무슨 말이야 갑자기? 사업은 아무나 하는 줄 알아? 조금 있으면 둘째도 태어날 텐데 갑자기 직장을 그만두고 사업을 하면 우리는 누가 책임질 건데? 사람이 왜 이렇게 무책임해?"

"사업하는 게 무책임한 짓이야? 그럼 사업하는 모든 사람들은 다 무책임한 사람들이겠네? 내가 책임지려고 사업한다고 하는 거잖아."

"안 돼! 사업은 불안정하고 위험해. 이런 불안한 가정환경에서 아이들을 키울 순 없어."

남편은 나의 말에 무척 화가 난 듯 언성을 높였다.

“내가 당장 하겠다는 것도 아니고 어떻겠냐고 물어본 거잖아.”

“나는 불안하고 싫으니깐 절대 안 돼.”

“내가 너 일부러 불안하게 하려는 것도 아니고 내가 뭐가 무책임한 건데? 너 정말 말을 왜 그렇게 하니?”

옛 속담에 가는 말이 고와야 오는 말이 곱다는 말이 있다. 곱게 말한 남편에게 곱게 말했어야 하는 이론인데 나는 왜 곱게 말하지 않았을까. 우리 부부의 대화에는 어떤 오류가 숨어 있을까?

내겐 사업이라는 말이 불안정하고 무책임한 행위처럼 들렸다. 그렇게 들렸으니 그렇게 말한 것이다. 그렇다면 나에게 사업이란 단어가 무책임하다는 뜻으로 들린 이유는 무엇일까.

나의 아버지는 사업구상과 일 벌이는 데만 집중을 하셨던 분이셨고 사업이 힘들어지면 뒷수습은 늘 엄마의 몫이었다. 그런 엄마의 삶은 딸인 내가 보기에도 애처로웠다. 그래서일까, 엄마는 사업하는 남자는 만나면 안 된다고 입이 닳도록 말씀하셨고 나에게도 안정된 직장생활을 하라고 강요하셨다. 이렇듯 ‘사업은 불안정하고 가정생활이 힘들어지는 것’이라는 것을 경험했기 때문에 나에게 사업에 대한 불편한 신념이 생긴 것이다. 결국 듣는다는 건 자기자신의 경험으로부터 만들어진 신념과 뒤섞이는 과정이라 해도 과언이 아닐 만큼 밀접한 관계를 가지고 있다. 나에게 사업은 불안하고 불편한 것으로 만류해야 될 일이지만 사업으로 성공한 사람들은 누군가의 사업 시작이 아주 훌륭하고 축하할 일이기도 한 것처럼 말이다.

어릴 적 경험에 의해 사업은 불안한 것이라는 신념이 생겼고(왜곡된 신념) 남편이 사업을 하겠다고 말을 하자(듣기) 불안한 마음이 앞섰으며 무책임한 말로 들렸다(왜곡된 신념과 듣기가 뒤섞임). 결국 남편에게 불편하게 화를 내고 말았다(부정적 반응). 나의 반응은 남편의 화를 불렀다(갈등).

남편은 나의 부정적인 반응에 화로 대응했고 나는 아차 하는 마음에 남편에게 여러 번 사과했지만, 남편은 좀처럼 화를 가라앉히지 않았다. '개떡같이 말해도 찰떡같이 알아듣는다.'는 말을 들어본 적 있다. 내가 부정적인 반응을 한 건 사실이지만 만약 남편의 입장에서 내가 왜 이런 반응을 보이는지 왜 이런 말을 하는지 경청 후 반응했으면 어땠을까.

혹자는 갑자기 마른하늘에 날벼락도 아니고 뜬금없이 왜 남편 탓을 하고 있지라는 생각에 어안이 벙벙할 것이다. '먼저 자극을 준 건 아내 쪽인데 왜 남편이 그렇게 해야 되나요? 아내가 부정적인 반응을 안 했으면 남편도 화낼 일이 없겠죠?' 모두 맞는 말이다. 그리고 지극히 정상적인 반응이고 나도 동의한다. 그렇다면 '남편이 사업한다고 말 안 했으면 나도 부정적인 반응을 안 보였을 거예요. 따지고 보면 자극을 먼저 준 건 남편이에요.'라고 내가 말을 한다면? 참 난감하고 답답한 상황이다.

이 상황이 듣기하고 무슨 상관이냐 묻겠지만 자세히 들여다보면 남편은 내가 말하고자 하는 의미를 듣기보다 내가 보낸 부정적인 태도에 화가 난 것이다. 만약 상대가 진짜 하고 싶은 말이 무엇인가에 초점을 두고 경청했다면 남편의 반응은 어땠을까? 결국 대화는 상대의 말하는 태도도 중요하지만 어떻게 듣고 해석할 것인가에 더 무게를 두어야 한다는 의미다.

대화는 주고받는 과정이기 때문에 얼마든지 먼저 긍정적으로 전환할 수 있다. 하지만 오랜 훈련이 필요한 건 사실이다. 이제 듣기 연습을 시작할 순간이다.

_____ 감정 알아차리기

▷ 나의 듣기 연습 1.

내가 부정적으로 듣고 있다는 사실을 알아차려야 한다.

(나의 감정 변화 알아차리기)

남편의 말에 갑자기 불안해지고 화가 나! 왜 화가 날까?

(왜곡된 신념)

어릴 적 경험 때문인지 사업은 불안정하고 힘들다는 고정관념이 있어.

▷ 나의 듣기 연습 2.

나의 핵심 욕구가 무엇인지 알아차려야 한다.

(감정 변화 알아차리기)

남편의 말에 갑자기 불안해지고 화가 나! 왜 화가 날까?

(왜곡된 신념)

어릴 적 경험 때문인지 사업은 불안정하고 힘들다는 고정관념이 있어.

(핵심 욕구)

사실 나는 가정을 안정적으로 꾸려나가고 싶은 욕구가 있는데 사업을 하면 힘들어질 수 있다는 생각에 불안하고 겁이 나.

▷ 나의 듣기 연습 3.

나의 핵심 욕구를 말할 수 있어야 한다.

(감정 변화 알아차리기)

남편의 말에 갑자기 불안해지고 화가 나! 왜 화가 날까?

(왜곡된 신념)

어릴 적 경험 때문인지 사업은 불안정하고 힘들다는 고정관념이 있어.

(핵심 욕구)

사실 나는 가정을 안정적으로 꾸려나가고 싶은 욕구가 있는데 사업을 하면 힘들어질 수 있다는 생각에 불안하고 겁이 나.

(핵심 욕구 말하기)

"사실 나는 가정을 안정적이게 꾸려나가고 싶은 욕구가 있는데 사업을 하면 힘들어질 수 있다는 생각에 불안하고 겁이 나. 그래서 사업은 반대하고 싶어."

유사한 상황에는 어떤 왜곡된 신념과 핵심 욕구가 숨어 있는지 두 사례를 통해 알아보자.

C 병원 차장의 듣기

얼마 전 코칭하는 C 병원의 차장과 회의하는 도중에 이견이 있어서 내가 "차장님 제 생각은 조금 다릅니다"라고 말을 했다. 이 말을 들은 차장은 회의를 강제 종료하고 나에게 며칠간 연락을 하지 않은 적이 있다.

▷ 차장의 듣기 연습

(감정 변화 알아차리기)

문 팀장의 이견에 화가 나고 나를 무시한다는 생각이 드는 이유는 뭘까?

(왜곡된 신념)

나의 신입 시절은 상사에게 다른 의견을 제시하는 건 무시하는 것이고 배반하는 행위라고 배웠기 때문이다.

(차장의 핵심 욕구)

결정된 사안에 대해서는 최대한 내 의견에 맞춰주면 좋겠어.

D 병원 계장의 듣기

물리치료실 컴플레인으로 담당 계장에게 환경 개선 요구를 하기 위해 미팅 요청을 했다.

"계장님! 오늘 컴플레인이 들어와서 이렇게 미팅을 청했습니다."

"어떤 컴플레인인가요?"

"핫팩 싸는 수건에서 비린내가 난다고 하는데 습식 팩이라 수건 관리에 신경을 써주셔야 할 것 같아요."

"문 팀장님! 저희 관리 잘하고 있어요. 그분이 유독 예민하신 거 아닐까요?"

"그럴 수 있겠지만 냄새가 난다는 건 팩트이니 확인 한 번 해봐 주세요."

"얼마나 더 신경을 쓰라는 말씀이신지요?"

"제가 혹시 계장님을 언짢게 했나요? 냄새가 나는지 확인하자고 한 게 전부인데요."

"열심히 하고 있는데 자꾸 지적하시면 힘 빠집니다."

계장의 듣기 연습

(감정변화 알아차리기)

문 팀장의 피드백에 내가 예민한 반응을 보이는 이유는 뭘까?

(왜곡된 신념)

며칠 전 부서 내 일이 너무 많아 병원 측에 직원 추가채용을 요청했는데 거절하더니 수건 관리까지 더 잘하라고 하면 직원들이 분명히 항의할 것 같다. 나도 부서장인데 나의 요청은 온데간데없고 자꾸 지적만 하는 거 보니 내가 어리다고 무시하는 게 틀림없어.

(부실장의 핵심 욕구)

허수아비 리더로 비칠까봐 두렵다. 부서장으로 인정받고 싶다.

_____ 나의 핵심 욕구 말하기

잘 들었다면 이제 용기 내서 말해볼 차례다. 나의 진짜 욕구를 말이다.

"팀장님! 경험이 많으셔서 이견이 있으시겠지만, 결정된 사안에 대해서는 제 의견에 맞춰주시면 좋겠습니다."

"팀장님! 제가 요청한 대부분의 내용이 관철되다 보니 팀원들 보기에도 부끄럽습니다. 거기다 지적도 자주 받으니 무능력한 부서장이 된 것 같은 마음이 들기도 해요. 제 입장도 한 번 고려해주시면 좋겠습니다."

_____ 상대의 핵심 욕구 알아차리기

비폭력 대화의 저자 마셜 B 로젠버그는 '분노는 충족되지 못한 욕구의 비극적인 표현이다'라고 했다. 위 내용처럼 자신의 욕구를 잘 말할 수 있다면 문제가 되지 않겠지만 그렇지 못해 자신의 욕구를 숨긴 채 '화' 또는 '분노'라는 감정으로 표현하는 경우가 대부분이다. 사실 이 책의 내용 중에 가장 어려운 부분이다.

내 욕구도 알아차리기 힘들고 말하기 힘든데 상대가 말해주지 않는 핵심 욕구를 내가 먼저 알아차린다는 게 그리 쉬운 일은 아니다. 하지만 때로는 나침반을 볼 줄 아는 사람이 앞장서야 사막에서 탈출할 수 있듯 대화를 통해 상대의 핵심 욕구를 먼저 알아차려 주고 터치를 해 준다면 큰 갈등은 피해 갈 수 있을 것이다. 나의 남편은 아내인 나의 부정적 반응을 화로 마주하지 말고 내가 말하고자 하는 핵심 욕구가 무엇인지 경청해보자.

▷ 내 남편의 듣기 연습.

아내의 핵심 욕구 알아차리기

(아내의 감정 알아차리기/연결)

아내는 왜 화를 낼까?

"불안한 반응을 보이는 걸 보니 당신한테 사업은 불안 요소인 것 같은

데 맞아?"

(아내의 신념과 욕구 알아차리기/ 사실)

아내는 왜 사업을 부정적으로 생각하는 것일까? 어떤 요인이 작용한 것일까?

"혹시 왜 불안함을 느끼는지 말해줄 수 있어?"

(I형 대화법)

아내의 반응이 나에게 미치는 영향에 대해 말한다.

"가볍게 의견을 물어본 것뿐인데 격하게 반응하는 너의 모습에 나도 당황스럽고 화도 났어."

(나의 핵심 욕구 요청하기)

구체적으로 요청한다.

"대화할 때 내 생각과 감정도 알아차려 주면 좋겠어."

이 내용 어디서 많이 본 듯한 프레임이지 않나? 눈치챘겠지만 앞서 말하기에서 나온 내용과 같은 내용이다. 말하기를 하려면 잘 들어야 한다로 귀결되는 순간이다.

나 또한 C 병원 차장과 D 병원 계장의 핵심 욕구를 알아차려 주면서 대화했다면 어땠을까?

C 병원 차장의 핵심 욕구 알아차리기

--> 나와 세대가 다르니 회의 문화도 다를 수 있겠다.

--> 차장님은 어떤 형태의 건의가 더 좋다고 느낄까?

D 병원 계장의 핵심 욕구 알아차리기

--> 피드백을 문책으로 듣고 있구나.

--> 지금은 인정욕구가 필요하구나.

--> 팀원들에게 능력있는 리더로 보이고 싶구나.

--> 상처를 최소화하면서 계장에게 문제를 제시하고 해결해 나갈 방법은 무엇일까?

병원에서 일한다는 건 아픈 사람을 돕는다는 의미고, 아픈 사람을 돕기 위해서는 건강한 정신을 필요로 한다는 의미기도 하다. 쉽게 말해 상대의 말을 건강하게 들을 수 있어야 한다.

건강하게 듣는다는 것은, 넓게 보면 다양한 불편한 자극(상황)에도 자신만의 긍정 양념으로 버무려 건강한 반응(결과)을 할 수 있다는 것이다.

아침부터 준비물이 없다며 울고불고하던 아이들과 한바탕 전쟁을 치르고 운전대를 잡고 출근길에 올랐다. 오늘따라 도로 위에 차가 많아 자칫 지각할지도 모르는 상황이라 예민한 상태였는데 깜빡이도 안 켠 상태로 갑자기 승용차 한 대가 끼어들기를 한 게 아닌가? 보복이나 할 것처럼 속도를 내서 차 옆으로 가서 창문을 열고 화가 섞인 짜증을 다 내며 소릴 질렀다. 그리고 그날 하루 종일 짜증이 가라앉지 않았다.

VS

아침부터 준비물이 없다며 울고불고하던 아이들과 한바탕 전쟁을 치르고 운전대를 잡고 출근길에 올랐다. 오늘따라 도로 위에 차가 많아 자칫 지각할지도 모르는 상황이라 완전 예민한 상태였다. 그렇게 운전을 하고 가는데 남편 전화가 와서 받았더니 아침부터 달달한 멘트를 하면서 밥솥 위에 용돈을 올려놨다고 했다. 이런 게 사는 맛이지라는 생각이 들어 혼자 피식 웃고 있는데 깜빡이도 안 켠 상태로 갑자기 승용차 한 대가 끼어들기를 한 게 아닌가? 급한 일이 있나보다라는 생각을 하면서 유유히 자리를 내주었다. 그리고 그날 하루 종일 행복했다.

제4장

관리자 모드

함께 의견을 나누는 팔로워, 즉 팀원이 리더를 성장시키는 시대이다.
팔로워 없이 리더가 부각될 수 없는 시대가 되었다는 말이다.
리더를 성장시키는 팔로워십의 중요성은
아무리 강조해도 지나치지 않다.

파트너십

몇 년 전 대기업 리더들만 코칭하는 지인에게 전화를 걸었다.

"강사님, 중간 관리자들에게 도움이 될 만한 교육이 필요합니다."

"어떤 부분이 가장 고민스러우신가요?"

"글쎄요."

지금 생각하면 참 무모하고 무식했던 기억이다. 하지만 그 강사님은 흔쾌히 동의하고 멀리 서울에서 직강을 위해 대구로 내려왔다. 그 강의를 들으면서 내가 "글쎄요"라고 표현할 수밖에 없던 이유를 알게 되었다. 그 이후 나의 강의 패턴에도 큰 영향을 미친 주제가 있었으니 바로 팔로워십이다.

TED 강연에 출연한 데렉 시버스의 영상 재생으로 교육은 시작되었다. 한 남자가 윗옷을 벗은 채 공원 중간에서 춤을 춘다. 주변 사람들이 모두 쳐다보고 있지만 아랑곳하지 않고 계속 춤을 춘다. 사람들이 지나가다 쳐다보고 심지어는 가까이 가서 쳐다보기도 한다. 얼핏 보면 우스꽝스러운 광대 같기도 하다. 그러다 몇 분 지나지 않아 다른 한 명의 남자가 합류한다(퍼스트 팔로워). 그리고 함께 신나게 춤을 춘다. 기분이 좋은지 환호성도 지르며 춤에 열중하는데 또 한 명의 남자가 합류하고 몇 초 지나지 않아 두 명, 세 명, 여러 사람들이 합류하기 시작하면서 그곳은 마치 파티장으로 변했다. 시버스는 "외롭고 이상한 사람을 파티장의 호스트로 만드는 건 용기 있는 한 명의 팔로워 덕분"이라고 말한다. 팔로워십을 몸으로 증명해 낸 중요한 포인트다.

최근 들어 리더를 성장시키는 팔로워들의 중요성이 이슈가 되고 있다. 팔로워가 많은 인스타그래머와 많은 구독자를 가진 유튜버와 팬슈머 등등. 이들이 가지는 영향력과 이에 따른 사회 현상도 같은 맥락이다. 기성세대들이 누려온 리더십에 대한 반발이라고 해야 하나? 통제받고 지시받는 부하직원은 찾아보기 힘든 대신 함께 의견을 나누는 팔로워, 즉 팀원이 리더를 성장시키는 시대이다. 그런 의미에서 본다면 팔로워 없이 리더가 부각될 수 없는 시대가 되었다는 말이다. 리더를 성장시키는 팔로워십의 중요성은 아무리 강조해도 지나치지 않다.

가수 박진영 씨가 운영하는 JYP는 전문 부서로 구분한 경영을 중단하고 프로젝트 팀을 구성하여 운영하는 경영방식을 도입했다. 이유는 다음과 같았다. '느리고 이기적이고 발전이 없어서' 조직의 사일로 현상의 표본이다.

내가 컨설팅을 한 M 병원도 마찬가지였다. 회의 한 번 하려면 각 부서 사람들이 모두 모여야 하고 주제는 온데간데없고 배가 산으로 가기도 한다. 행사 기획을 발의하면 안 되는 이유가 백만 가지다 보니 안건을 통과시키는 일이 행사 자체보다 더 어려워 애초에 포기하는 경우가 많았다. 즉 느리고 이기적이고 발전이 없어서 JYP 프로젝트팀 운영 방식을 일부 도입하기로 결정했다. 그리고 프로젝트 이름을 SMALL PROJECT(SP)라 정하고 지금까지 실행하고 있다.

표면은 프로젝트 운영 방식이지만 컨설턴트인 나의 숨은 의도는 첫째, 권한 위임을 통한 직원들의 책임감 고취였고 둘째, 성공 경험을 통한 기대감과 자신감 회복이었으며 셋째, 회의 진행 방식과 기획 그리고 보고서 작성 등의 공유를 통해 변화와 발전을 눈으로 직접 경험하게 하는 것이었다. 이런 경험들이 누적되면서 자연스럽게 팔로워십을 발휘할 수 있게 되었다. 물론 이런 프로젝트를 운영하기 위해서 앞서 언급했지만 리더가 배워야 할 기술들이 많다는 사실을 꼭 기억하길 바란다. 프로세스만 흉내 내다간 실패할 수 있다는 말이다. 팔로워들이 따르고 싶은 리더들과 리더를 성장시키는 팔로워들은 어떤 조건을 가지고 있을까.

______ 리더십

'나를 키워 줄 수 있는 리더와 일하고 싶습니다.'

배우 전지현은 『엽기적인 그녀』로 스타덤에 올랐지만 영화배우로 뛰어난 성과를 거둔 건 아니었다. 특히나 2010년대까지 영화에서 대부분 실패했고 CF 모델로 자기복제를 통해 버티는 한물 간 스타처럼 보였다. 영화배우 인생이 저물기 직전, 전지현은 최동훈 감독을 만난다.

영화 『도둑들』의 시나리오가 완성된 시점이라 애초에 캐스팅과 관련한 만남은 아니었다. 최동훈 감독은 전지현에게서 더 뽑아낼 재능이 있음을 발견했다. 그러고는 시나리오를 수정해 당초에 없던 '애니콜' 캐릭터를 창조한다. 전지현을 위해 만들어진 새로운 배역이었다. 전지현은 특유의 매력을 뽐내며 『도둑들』에서 종횡무진 활약한다.

감독에 대한 고마움과 배우 인생의 재도약을 위한 안간힘의 결과다. 영화는 흥행 대박을 이루어 1억 2천만 관객을 돌파했다. 최동훈 감독은 다음 작품인 『암살』에서 독립투사 안옥윤과 쌍둥이 동생 1인 2역을 전지현에게 맡긴다. 전지현은 제 역할을 훌륭히 수행했고, 영화는 연속으로 1,000만 관객을 돌파하는 신기원을 이룬다. 리더란, 이런 것이다. 숨겨진 재능을 발견하여 빛나도록 이끄는 사람. 최동훈 감독의 리더십이 아니었다면 오늘의 전지현이 가능했을까.

리더십은 곧 매니지먼트이며 팀원들이 팔로워십을 발휘할 수 있도록 매니지먼트할 수 있어야 한다. 그러기 위해서는 다양한 스킬들이 필요하다. 나열해서 설명하려면 책 한 권을 다 써야 할 상황이다. 에둘러 말할 필요는 없을 것이다. 리더는 업무와 업무의 가치를 공유하면서 팔로워의 자연스런 지지와 분발을 촉구하는 사람이다. 팔로워의 숨겨진 재능을 발견하고 적재적소에 배치하여 능력의 극대화를 이룰 수 있도록 돕는 역할을 해야 한다. 적절한 보상과 기회를 제공함으로써 더 큰 세계로의 길을 열어주어야 한다. 내가 좋은 리더인지는 모르겠으나 한 팀원과 보낸 7년간의 시간은 나의 리더십과 그의 팔로워십 모두를 극대화한 사례라고 말할 수 있다.

병원에 이력서를 내고 면접을 볼 때까지 상용이는 병원 경력이 전무한 상태였다. 그는 광고 회사에서 중간관리자를 역임했고, 그래픽디자인과 광고와 홍보에 정통한 인물이었다. 나의 괴팍한 성격을 맞추면서 병원에 적응하여 일을 할 수 있을지 의문이었다. 내가 채용을 반대한 이유이다. 그는 입사 첫날부터 발군이었다. 모든 업무를 능숙하게 처리하였고, 원내 소통과 업무 전달 과정과 행정처리에 거침이 없었다. 그렇게 병원에 적응하면서 상용이는 자기 영역을 공고히 하고 있었다. 진급에도 당연히 우선순위였고, 내 뒤를 이을 확실한 위치를 점했다. 아주 드물기는 해도, 전 직장에서 관리자를 해 본 경험이 큰 도움이 되었을 거라 추측한다. 그러니까 관리자의 마음을 아는 팀원이라서 일일이 시키거나 간섭하지 않아도 알아서 먼저 처리를 하곤 했다는 얘기다. 자연스레 그의 능력은 외부인도 알 정도가 되었다.

몇 년 전 대학병원급에서 인재 추천을 요청해온 적이 있었다. 나는 고민 없이 상용이를 떠올렸고, 그에게 의사를 물었다. “저를 보내시려는 건가요, 팀장님?" 석연찮다는 표정을 짓는 상용이에게 나는 이렇게 말했다. "이곳에서 다음 단계까지 가는 것도 좋지만 만약 조건이 맞는다면 좀 더 큰 곳에서 상용 씨 능력을 발휘하는 것도 좋을 것 같아서 내가 천거하는 거예요." 솔직히 말해서 그가 없는 팀을 상상조차 해 본 적이 없다(지금도 마찬가지다.). 그가 없다면 많은 어려움은 당연하고 일의 품질과 밀도와 완성도가 현저히 떨어질 것이 분명하다. 나 자신에게 물었다(언제까지나 내 팀원이길 바라는 건 염치없는 일 아닌가.). 병원도 그가 필요하고 누구보다 내겐 그의 능력이 필수적이다. 하지만 그를 위해서 그가 열심히 일한 또 다른 대가와 기회를 내 손으로 만들어주고 싶었다. 그는 내 뜻을 이해했고, 고마움을 표시했다. 이후에도 여전히 나와 한 팀으로 근무하면서 최고의 팔로워로서 좋은 리더가 될 수 있도록 나를 자극한다.

내 뒤를 잇는 사람이 있다면 그것은 당연히 성상용 씨일 것이다. 그 말고는 생각해 본 적이 없다. 나는 리더로서 좋은 사람인지, 능력있는 사람인지 또는 직원을 키워주는 상사인지 확신이 서질 않는다. 그러나 분명한 것은 나는 함께 일하는 누구라도 최고의 팔로워로 견인할 자신이 있고, 그 팔로워는 나를 좋은 리더로 밀어 올릴 것이란 믿음이 있다는 사실이다. 리더는 팀원을 부릴 줄도, 아낄 줄도, 키울 줄도 알아야 한다. 최고의 리더 없이 최고의 팔로워는 탄생할 수 없다.

_____ 팔로워십

이 친구, 진짜 일을 잘하잖아!

“성상용 선생님! 입사 축하드립니다. 저와 함께 일하게 될 거고요, 저는 서비스 지원팀장 문혜영입니다. 잘 부탁드립니다.”

“네 팀장님! 감사합니다. 제가 더 잘 부탁드립니다.”

“업무는 대충 아실 거고. 본인 작업하는 데 필요한 것들이 있을 텐데 정리해서 저에게 10일까지 이메일로 제출해 수세요.”

“네, 팀장님! 명함에 있는 메일 주소로 보내면 될까요?”

“네, 그렇게 하세요.”

입사 결정이 난 상용은 병원 경력이 없어서 나는 입사 반대를 했고 나머지 면접관들이 마음에 들어 입사한 케이스라 사실 기대를 하나도 하지 않았다. 잘 가르치면 되겠지? 생각을 했지만 사실 나의 리더십에 의문이 들었고 팀을 잘 이끌지 걱정이 앞섰다. 내 성격이 그렇게 둥글둥글하지 않고 일에 몰입하면 최상의 작품이 나오도록 조이는 스타일이라 나와 함께 일하는 것이 많이 힘들지 모른다는 생각에 불안함도 있었다.

메일이 도착했다. 파일을 열자마자 할 말을 잃었다. 한글 파일에 적힌 문서는 최근에 마주한 어떤 공문보다 더 정확하고 간결하며 정렬까지 완벽했다. 단지 내가 모르는 영역에서 이해를 필요로 하는 부분이 있어 확인차 전화 통화를 했다.

"성상용 선생님? 필요와 추후 구매 가능, 그리고 사양 업그레이드 필요 등등으로 구분되어 있는데 이 부분이 어떤 의미인가요?"

"네, 팀장님. 제일 좌측 필요 영역은 업무 투입되면서 반드시 필요한 것들이고요. 추후 구매 가능은 당장은 필요 없지만 한 달 내 필요한 품목입니다. 또한 사양 업그레이드 부분은 어느 부분까지 일을 하게 될지 모르겠지만 제가 영상 제작 업무까지 고려한다면 사양 업그레이드된 버전이 필요할지도 모른다는 내용입니다."

"그러시군요. 제가 총무과와 의논 후 준비해 놓겠습니다."

우리 부서가 진행할 업무에 대해 확인하고 총무과와 의논한 뒤 물품 및 장비 구매를 완료했다. 더 놀라운 건 회사별 제품명까지 다 적어 놔서 구매를 위한 시간 낭비가 없었다는 점이다. 처음이라 그런지 문서에 신경 많이 썼네. 이 마음 오래가야 될 텐데...라고 혼자 중얼거리며 일주일 전 서류 면접에서 통과한 3명 중 한 명의 인물에게 면접 시간 안내 차 전화를 했던 상황이 생각났다.

"나몰라님 맞으시죠?"

"네."

"서류심사 통과되셔서 면접 일정 알려드리고자 전화드렸습니다."

"네."

“(잠시 침묵 후)면접은 다음 주 수요일 2시입니다.”

“네? 오후는 제가 면접을 볼 수 없는데요.”

더 이상의 여지를 줄 수 없겠다는 판단이 서서 전화상으로 면접 탈락을 시키는 소심한 복수를 했다. “그러시군요 저희도 오후만 가능해서요 아쉽네요. 다음에 기회 되면 뵙겠습니다.” 지금 생각해도 아찔하다. 만약 나몰라 님이 합격해서 나의 팔로워가 되었다면.

병원은 병원장을 제외한 모두가 팔로워다. 리더를 성장시키는 사람이라는 의미다. 그런 맥락에서 본다면 상용이는 매사 주도면밀하였다. 상황에 대해 이해가 되지 않으면 일을 시작하지 않는다. 즉 리더의 지시에 궁금한 게 있으면 반드시 묻고, 이견이 있을 경우 납득할 만한 설명과 차선책을 동시에 제안한다. 그렇게 질문과 확인을 한 뒤 업무를 시작하기 때문에 주제에 벗어난 결과물이 나온 적이 단 한 번도 없었으며 기한을 넘기거나 기대에 못 미치는 결과가 나온 적도 거의 없었다. 그러다 보니 자연스럽게 원내 업무 영역이 넓어지고 우리 부서에 대한 의존도가 높아지는 결과를 얻게 되었다.

현명한 팀원 덕분에 나의 리더십에 대해 칭찬을 받는 상황이 발생한 것이다 이는 병원 내 나의 인지도와 신뢰도 상승으로 이어졌고, 업무 능력도 과하게 인정을 받았다. 이것이 바로 팔로워십의 결과물이다. 나는 상용이가 일하는 모습을 보면서 셀프 피드백을 통해 나의 팔로워십에 집중하기도 한다. 나는 팀의 리더지만 병원 대표원장들과 사무국장의 팔로워기도 하기 때문이다.

반면 면접 일정 안내 차 전화 통화를 했던 나몰라 씨는 질문이나 상황에 대한 핵심을 이해하기보다 자신이 듣고 하고 싶은 말만 했으며 대답에 대한 확장을 해나갈 수 없는 단답형 대화로 일관했다. 이런 상황이 업무까지 연결된다고 가정해 보자. 일의 진행이 더디고 확장성을 포함한 발전 부분에 있어 문제가 될 것이라 판단할 수밖에 없다. 확증편향이라 생각할 수도 있다. 하지만 이왕이면 일 잘하는 사람들과 일하고 싶은 욕심은 누구나 가지고 있고 나도 그러하다.

알아서 일 잘하는 사람이 채용되면 최고의 그림이 되겠지만 이게 어디 쉬운 일인가? 그리고 인재라고 생각하고 채용했는데 기대에 미치지 못하는 직원들도 부지기수다. 더 문제는 일 잘한다고 소문난 팔로워를 스카우트했는데 만족스럽지 못한 적도 경험했을 것이다. 이것은 팔로워십의 문제인가 리더십의 문제인가.

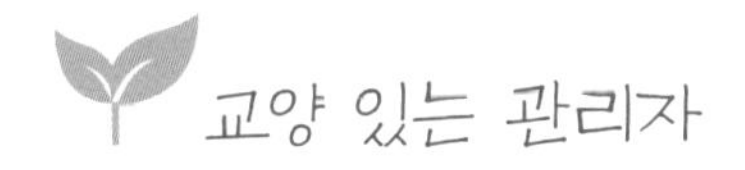

_____ 지금 이 순간 함께 사는 법

병원은 신규 직원 채용이 많은 동시에 20대 초반 청년층이 많이 입시하는 곳이다. 그리고 퇴사도 잦은 곳이다. 퇴사에는 다양한 이유가 있지만 그중 가장 많은 부분을 차지하는 것은 첫째, 인간관계(태움, 자기희생 강요, 문화 차이) 둘째, 근무 환경 (휴일, 근무시간, 급여) 셋째, 기타 (힘들어서, 배울 게 없어서) 등의 내용이다.

이 문제는 10년 전에도, 20년 전에도 존재했다. 다수가 이런 이유로 퇴사를 했다. 단지 이직과 퇴사가 지금보다 많지 않았던 시절이라 그 이유가 부각되지 않았던 것뿐이다. 지금, 특히 20대에서 이직이나 퇴사율이 높다는 건 이전에는 관성적으로 수행하던 업무를 거부한다는 의미 즉 자신의 목소리를 내기 시작했다는 신호와도 같다(병원 측에선 요즘 애들은 나약해서 쉽게 그만둔다고 믿고 싶을 것이다.). 그리고 퇴사나 이직을 하지 않는 이들이라도 자신의 생각과 입장을 정확하게 표현하고 때론 강하게 주장하기도 한다(요즘 애들은 건방지다고 믿고 싶을 것이다.).

6,70년대 생들은 도무지 이해가 안 되는 당돌한 세대와의 갈등이 시작된 것이다. 예전에는 세대 차이라고 했으나 지금은 '세대 갈등'이라고 표현한다. 세대 차이가 세대 갈등으로 변했다는 건 골이 더 깊어졌다는 의미로 받아들여진다. 앞으로도 더 깊어지면서 대립 양상을 보이게 될 것이다(대립이란 말은 동등하다는 의미를 포함하고 있다.).

"대리님! 한 명씩 남아서 스캔하는 거 너무 비효율적이지 않나요?"
"그냥 시키면 시키는 대로 해! 내가 다 해봤어."

"부장님! 회식한다고 미리 말씀해 주시면 안 되나요?"
"회식도 일의 연장이야! 자네 지난번에도 회식 때 빠졌지? 오늘은 빠질 생각 말고 참석해. 명령이야."

"과장님! 의료 폐기물 처리를 왜 우리가 해야 되는 거죠?"
"그럼 누가 하니? 내가 할까? 눈치껏 좀 일해라."

"주임님! 서류 발급하는데 일일이 인주 찍는 게 번거로운데 자동 도장으로 바꿔주시면 안 되나요?"
"있는 도장 써! 왜 이렇게 주인 의식이 없니? 그거 공짜로 만들어 준다니? 아껴 쓰자."

"팀장님! 퇴근하겠습니다."

"칼퇴 하면서 너무 당당한 거 아냐? 부서장도 퇴근 안 하고 있는데 말이지."

"이수헌! 엄마가 시키는 대로 해!"

"왜요, 엄마? 왜 시키는 대로 해요?"

"엄마 말에 토 달지 말라고 했지? 어디 말대꾸야?"

"엄마! 나는 왜 그래야 하는지 물어본 거예요. 대든 게 아니라고요."

정말 꼰대답다. 그런데 꼰대를 진짜 꼰대로 만든 사람은 누구인가? 바로 MZ 세대들이다. 그들의 시선이 만든 것이다. 그들 눈에 기성세대의 삶은 답답하고 융통성 없는 모습인 것이다. MZ 세대는 워라밸과 삶존주의 등을 주장하고 개인주의인 듯 공유문화를 즐기는 독특한 세대다. 그들이 워커홀릭으로 사는 기성세대의 삶을 이해할 수 없는 건 당연하다.

기성세대는 '잘 살아보세'라는 새마을 운동 슬로건을 기점으로 산업화가 급격하게 진행되면서 열심히만 하면 성공할 수 있었고 개천에서 용도 날 수 있었다. 때문에 물 불 안 가리고 일하는 게 삶의 목적이었다. 나 하나의 희생으로 가정을 일으켜 세울 수 있는 시절이었고, 집단을 위한 자기희생은 당연한 덕목이었다. 또한 남녀 차별과 나이 직급 계급 등 서열에 익숙한 세대라서 더 많은 희생을 감내하며 살아왔는지도 모른다.

그렇게 배운 그들이 지금의 MZ 세대들을 이해할 수 있을까?

반면 MZ 세대는 휘발성이 강한 삶을 산다. 미래가 보이지 않는 막막함 때문일 것이다. 내 집 마련은 꿈도 꿀 수 없고, 정년이 보장되는 회사도 점점 사리지고, 급변하는 세상에 적응할 시간도 없이 쫓아가기 바쁘다. 이런 환경에서 살아남기 위해서는 오롯이 자신만을 위해 살기도 벅찬 것이다. 아무리 열심히 해도 미래가 보장되지 않는데, 아무리 열심히 해도 집 한 채 장만하기 힘든데, 누가 누구를 위해 희생하란 말이며 무엇을 위해 열심히 살란 말인가. 그런 MZ 세대들이 지금의 기성세대들을 이해할 수 있을까?

"수헌이 엄마! 수헌이 논술 뭐 시켜요?"

"네? 논술이요? 논술도 시켜야 해요?"

"초등학교 3학년 교과 과정에 토론 수업 있는 건 알고 있죠? 그래서 우리 주연이는 논술하고 쓰기 부분 과외하고 있는데 모르셨구나."

"몰랐어요."

"4학년 되면 찬반으로 나뉘어서 자신의 의견을 말하고 상대를 설득시키는 그런 교과 내용도 있어요. 예전에 우리 학교 다닐 때와는 완전히 다른 교육과정을 밟고 있으니 수헌이 엄마도 신경 써야 될 거예요. 학원도 주입식 말고 토론식으로 수업하는 곳으로 찾아보세요."

논술이 있다는 건 알고 있었지만 그건 대입시험에나 적용된다고 생각했다.

며칠 뒤 신입 직원들 교육을 진행했다. 교육장에 앉아 있는 신입 직원들의 모습은 누가 봐도 20대 초반의 젊음이 가득했다. 대략 나와 20년 차이가 났다. 나의 20대에서 바라본 40세의 여자 팀장은 고집 있는 능구렁이, 나이 많고 무서운 상사였는데 그들 눈에도 내가 그런 상사로 보이겠지? 그러다 문득 내 아들이 10년 뒤에 지금의 신입들과 함께 일하는 구조가 되겠다는 생각이 들었다.

지금 10살인 내 아들이 20살이 되면 지금 신입 직원들은 30대가 될 테고, 두 집단이 경쟁을 벌이게 된다고 가정해 보자. 내 아들 세대는 옳고 그름의 흑백 논리보다 상대의 의견을 존중하고 수용하는 토론 형태의 수업 방식과 창의적인 생각에 높은 점수를 주는 교육과정을 밟고 있다. 그런 아이들과 지금의 신입 직원이 나란히 경쟁구도에 선다면? 창의와 토론 교육이 무조건 옳다거나 이긴다는 의미가 아니라 그런 교육 과정 속에서 문제 해결력과 생각의 유연함이라는 무기를 장착한 세대가 우위를 점할 가능성이 높다는 것이다.

세대 갈등은 곧 조직 갈등으로 이어진다. 세대의 모습도 다르고 환경도 다른 사람들이 모여 하나의 조직에서 일을 한다는 건 어려운 일이고 갈등은 일상이 될 수밖에 없다. 단지 그 갈등을 어떻게 관리해 낼 것인가? 그리고 세대 이해와 더불어 부서 간의 이해를 위한 방법 즉 협업하는 방법을 배우고 있는 10대들과 경쟁하려면 지금 우리가 무엇을 배우고 어떻게 협업해 나갈 것인가를 깊이 고민해 볼 필요가 있다.

미래의 내 경쟁자는 옆에 있는 동료가 아니다. 10년 뒤에 찾아올 그 아이들이 나의 진짜 무서운 경쟁상대란 사실을 알아야 한다. 지금 나의 동료는 나의 미래를 위한 파트너다.

_____ 지금 이 순간 통하는 법

사통팔달(四通八達) 사방으로 통하고 팔방으로 닿아 있음을 말하며 길이나 통신망이 막힘없이 통하는 모습이라 정의한다.

백정우 작가의 『맛있는 영화관』에는 라면을 맛있게 끓이는 방법에 대해 소개를 해놓았다. 음식 도서가 아님에도 불구하고 제법 구체적으로 안내되어 있고 꼭 따라 해 보고 싶은 욕구를 불러 일으켰다. 책 내용대로 끓여 봤더니 꼬들꼬들했다. 그 꼬들꼬들함은 제대로 익지 않은 꼬들함과는 확연히 달랐다. 아마도 끓어오르면 찬물을 붓고 끓어오르면 찬물을 부은 그 귀찮은 행동의 반복 덕분인 것 같다.

좋은 결과를 내기 위해서는 어렵고 귀찮고 번거로운 과정이 필요하다는 걸 새삼스럽게 느끼게 해주었다. 맛있는 음식을 만들기 위해 맛있는 레시피를 이해하고 사용하듯 조직이 사통팔달하기 위해 지나가야 할 숙명적인 과정이 있으니 그 레시피를 잘 이해하길 바란다.

가통

개원 초기는 무질서 상태기 때문에 조직이 비효율적으로 굴러가면서 1차 혼란과 더불어 육체적 피로감을 많이 느끼는 시기다. 이 과정을 가짜 통증 즉 가통이라 한다. 다양한 경험자들이 타 병원에서 사용했던 업무 방식을 제시하고 상호 간 조율해야 하는 과정이며, 공산품으로 치면 시제품을 만드는 과정이고, 스타트 업으로는 심플하게 시작하는 과정을 말한다. 예전 병원의 방식이 그리 좋지 않았음에도 불구하고 새로운 업무 방식은 불편하고 어색하기 때문에 "예전 병원에서는 안 그랬어요."라는 대화가 많이 오고 가는 게 사실이다. 이 과정에서 모두 가통을 느낀다. 어차피 시작하기 위한 통증이다.

진통

가통을 겪고 나면 어느 정도 질서가 생기고 업무 분업을 통해 효율적으로 굴러가는 것 같이 보인다. 하지만 시행착오를 여러 번 겪게 되면서 다시 질서가 흔들리고 비효율성의 상황이 놓이면서 2차 혼란을 느끼게 되는 시기가 온다. 이 과정을 진짜 통증, 진통이라 한다. 그 병원만의 고유한 프로세스를 구축해야 하는 성장기라고 말하며, 이 시기에 결정된 내용들이 기둥이 된다 해도 과언이 아니다. 때문에 진통은 무척 중요한 과정이다. 이 시기는 부서 간 업무 배분 및 협조를 위한 오랜 진통을 겪게 되며 이 과정에서 이직률은 높을 수밖에 없다. 「아기 돼지 삼 형제」 동화처럼, 늑대가 불어도 날아가지 않는 벽돌집을 지어야 하는 과정이다.

불통

진통을 겪고 나면 모든 게 다 해결될 것 같지만 진통 속에서 상호간 상처를 주고받게 된다. 마음에 벽돌집도 같이 쌓게 된다. 그러다 보니 질서도 확립이 되고 업무 분업도 선명해진 것처럼 보이지만 상호 간 불통으로 혼란기를 겪으며 재미없는 병원이 된다. 이 과정을 불편한 통증, 불통이라 한다. 일은 어찌어찌하겠으나, 사람들과의 관계가 불편하고 재미없는 상황이다. 더 불편한 통증은 조직 이간질 또는 조직 집단 따돌림뿐 아니라 사조직이 만들어진다는 것이다. 조직 내 인싸가 끄는 거대한 사조직에 끼지 못하면 아싸가 되어 이유 없는 퇴사를 해야 되는 경우도 있다. 이 과정은 조직을 무너지게 할 수 있는 매우 위험한 신호이며 반드시 점검해야 한다.

소통

불통을 극복할 수 있는 방법은 소통이다. 소통이 되지 않으면 조직은 무너진다. 여러 통증 과정을 거치면서 조직만의 소통문화가 확립되었다면 그 조직은 안정기에 들어섰다고 봐도 무방하다. 소통하는 채널과 형태는 다양하지만 그중 내가 경험한 알찬 소통법 세 가지는 다음과 같다.

1. 문제 해결 방식 소통법:

탑다운(top-down), 미들 탑다운(middle top-down), 바텀 업(bottom-up) 세 가지이며 상황에 따라 적절하게 사용하면 된다. 규율과 규칙 등의 기준을 제시해야 하는 경우는 위에서 아래로 내려오는 탑다운 소통이, 중간 관리자의 현장감이 있는 조언과 결정이 필요한 경우 중간 관리자가 최고 경영자에게 제안 또는 보고 후 위에서 아래로 내려오는 미들 탑다운이 필요하고, 직원들의 다양한 의견이나 참여가 필요한 경우 아래에서 위쪽으로 제안 또는 보고하는 바텀 업 형태의 소통이 적절하다. 이런 문제 해결 방식을 잘 선택해야 직원들도 덜 헷갈려 한다.

2020년은 전 세계를 뒤집어 놓은 코로나19 확산으로 감염자와 동선이 겹쳐지면 무조건 검사를 해야 하는 시절이었다. 그때 상황은 병원 존폐와 직접적인 연관성이 있었기 때문에 긴박감 그 자체였다.

코로나19 확진자 동선에 노출된 병원 직원들을 순차적으로 선별 검사소에 다녀오게 해야 한다고 가정해 보자. 이때 "누가 먼저 다녀오실래요?"라는 바텀 업 형태의 소통이 적절한가? 아니면 "최소 인원만 남고 전원 검사소로 이동하겠습니다. 최소 인원은 진단 검사실 실장과 수간호사 총무과장 원무주임입니다. 검사하고 돌아오면 남은 네 분이 검사소로 이동하겠습니다"라는 탑다운 형태의 소통이 적절한가? 누가 봐도 탑다운이 필요한 상황이다. 즉 착한 부서장 콤플렉스로 뭐든 직원들의 이야기를 수렴하는 게 능사가 아니라는 의미다. 탑다운으로도 얼마든지 친절하게 소통할 수 있다.

2. 직접 참여 형태 소통법:

원내 서비스 디자인팀을 구성하여 운영하는 것이다. 각 부서에서 차출된 1인들이 모여 하나의 또 다른 팀을 만들어서 운영을 하다 보면 부서 간 이기주의로 벌어진 간극을 좁힐 수 있다. 물론 이 과정에서도 다양한 통증이 있을 수 있지만 최소한 무관심의 상황은 없앨 수 있다.

3. 회의 형태 소통법:

보고형 회의와 프로젝트 회의로 구분해서 진행하는 것이다. 보고형 회의는 각 부서의 업무 상황 등을 발표하면서 상호 간 어떤 일들이 있었는지 알 수 있도록 진행하는 것이 포인트다. 프로젝트 회의는 주제에 맞는 해당 부서 사람만으로 진행하는 것이다. 실무자의 의견이 더 많이 필요한 경우 해당 부서 리더는 빠지고 실무자가 그 프로젝트에 끝까지 참석해서 마무리할 수 있도록 하는 것이 포인트다. 대개의 회의 과정을 살펴보면 보고 형태인지 프로젝트 형태인지 구분 없이 진행되기 일쑤다. 이런 경우 시간에 쫓겨 답을 못 찾거나 주제와 관련 없는 참석자는 피로감이 누적될 수 있음을 꼭 기억하자. 회의가 많은 조직문화를 비판하는 주장도 일부 인정하지만, 부서 자체가 완전히 독립된 일을 하는 병원조직은 보고형 회의를 통해 상호 업무 교류가 지속적으로 이뤄져야 한다는 점도 잊지 말자.

전화 한 통

안정된 기업의 주식 그래프를 보면 오르내리는 과정의 반복이지만 결국 우상향 곡선을 그리고 있다. 같은 맥락으로 우리 병원도 가통·진통·불통을 겪는 가운데 우상향 곡선을 그리고 있다면 장담컨대 본받을 만한 소통문화가 있을 것이다. 그렇게 성장하다 보면 임계점 즉, 최고가 갱신을 위한 돌파 구간에서 안주하고 멈추느냐 아니면 돌파하느냐? 결정해야 하는 시점이 온다. 성숙기로 접어드는 구간이다. 이때 필요한 것은 바로 전화 한 통이다. 결국 사람만이 할 수 있는 것, 그것이 필요하다는 결론에 이른다. 시스템을 만들고 안정화를 시키다 보면 그 속에 사람이 없는 경우가 많다. 그곳엔 사람의 온기와 사람 목소리가 있어야 한다.

예전에 본 청소년 UCC 공모전 대상 수상작 『소년의 밤』은 아직도 뇌리에 생생하다. 친구와 월드컵 응원을 하는 청소년들의 모습을 담은 3분짜리로, 자살하려고 한강 다리 난간에 서있는 소년에게 전화 한 통이 걸려온다. 같이 월드컵 한국 경기를 응원하자는 친구의 전화다. 지치고 숨막히는 환경에서 아이는 고립무원이라 느꼈을 것이다. 벼랑 끝에선 아이에게 걸려온 친구의 전화는 구원이었다. 화면이 바뀌면 친구들과 피자를 먹으며 신나게 응원하는 아이 모습이 보인다. 관심 담긴 따뜻한 말 한마디, 전화 한 통이면 되는 거였다. 모든 통증을 이겨내고 맞이한 소통 문화 위에 전화 한 통의 화룡점정까지 찍어보자.

"전화 한통 하였는가?"

t-way 승무원이 소방훈련을 받는 까닭

"문혜영 선생님! 간호 학원 코디네이터 과정 강의 일정이 나왔는데 혹시 가능하시겠어요?"

"대표님! 당연히 가능하죠. 언제 강의하면 되나요?"

"선생님 지역이 대구가 아니라 제주도예요. 10시부터 5시까지고요."

제주도라는 소리에 무조건 강의하러 가겠다는 마음으로 준비를 했다. 문제는 항공편이었다. 당시는 저가 항공사에 대한 선입견이 있었다. 가능한 선택지를 놓고 비교했다. 항공권 가격과 일정에 맞는 항공사는 티웨이가 최선책이었다. 그리고 당일 비행기에 몸을 싣고 제주도에서 강의를 했다. 서비스란 무엇인가? 서비스는 불편함을 제거하는 것이라는 여운을 남겨주고 싶은 욕심에 온 마음을 다했다. 대구로 돌아오는 비행기의 승무원들이 눈에 들어왔다. '저분들이 소방훈련을 받은 분들이구나' 믿음이 생겨서인지 붉은색 유니폼을 입은 승무원들이 프로답게 보였다.

내가 항공사를 선택하는 기준은 안전이었다. 저가 항공은 안전하지 못할 것이라는 선입견 때문에 티켓팅하는 내내 고민한 내 선입견을 깨준 건 티웨이(t-way)의 광고였다. 티웨이는 비행기를 타면서 느끼는 고객의 불안감을 고스란히 담아 고객이 원하는 스토리를 만들었다. 티웨이 항공 광고에 나오는 카피 내용은 다음과 같다.

교육생 승무원이 묻는다. "승무원이 왜 소방훈련까지 받아야 하나요?"
교육관 승무원이 답한다. "우리가 하늘에선 소방관이니까요."

직업을 명사로 생각할 게 아니라 동사로 생각해야 한다는 걸 확실하게 깨달은 광고였다. 승무원은 고객을 목적지까지 편안하고 안전하게 모셔다드리는 일을 하는 사람이다. 그래서 화재진압이나 수상안전교육 등, 드러나는 일 말고도 다양한 업무를 마스터해야 한다는 말이다.

강의는 일정대로 진행하고 미련 없이 돌아오면 되지만 컨설팅은 피교육자의 행동 변화에도 책임을 져야 한다. 그래서 직무에 대한 질문과 왜 업무의 사각지대가 생기는지 질문해 보면 "내가 왜 이일을 해야 하나요?" "내가 이 일까지 해야 됩니까?"라는 냉소적인 대답이 의료진부터 사원까지 전 직급에 걸쳐 넓고 깊게 드러난다.

"왜 환자한테 친절해야 하나요?"
"왜 환자한테 자세한 설명을 해야 하나요?"

"왜 직원들을 배려해야 하나요?"

나도 묻고 싶다. 왜 그렇게 하면 안 되나요?

앞서 언급한 직업을 명사가 아닌 동사로 생각해야 한다는 맥락이다. 직업이 가지는 가치 또는 그 직업이 존재하는 이유를 알아야 한다는 의미다. 승무원은 목적지까지 편안하고 안전하게 모셔다드리는 일을 하는 사람이라고 정의 내리면 기내 서비스는 물론이고 소방훈련과 수상 안전요원 자격도 필수 영역이 된다. 같은 맥락으로 환자를 건강하게 일상으로 복귀 시키는 사람을 병원 관계자라고 규정할 때 환자와 병원 관계자 사이의 자세하고 친절한 설명을 통한 신뢰감 형성은 당연한 책무이다.

_____ 놀이동산과 동상이몽

초등학생들이 생각하는 놀이동산은 어떤 곳일까. 하늘이라도 날 것 같은 표정으로 뛰어다니거나, 좀비 분장을 하고 부끄럼 없이 좀비처럼 걷고 있는 아이들 모습을 보면 울컥한 마음이 든다. 이렇게 멋진 상상력을 표현할 수 있다는 게 얼마나 아름다운 일인가. 몇 년 전 모 놀이동산에서 아이들과 함께 퍼레이드를 구경하던 도중 있었던 일이다. 초등학교 고학년 남자아이가 팝콘 통을 목에 메고 놀다가 퍼레이드 지나가는 길목에서 넘어지고 말았다. 팝콘은 쏟아져서 주워 담을 수 없는 상황에 모든 관객이 그 아이만 바라보고 있어서 부끄러울 수밖에 없는 터라 그 아이는 일어나지 않고 그냥 엎드려 있었다. 퍼레이드는 잠시 멈추었다. 보고 있는 나도 그 아이를 어떻게 도와야 하지 막막했던 찰나, 놀이동산 청소를 담당하시는 분이 그 아이를 안고 옆으로 돌아 나왔고 퍼레이드는 계속 되었다. 나는 퍼레이드보다 그 아이와 청소하시는 분의 대화가 더 궁금해서 그쪽을 살짝 이동했다.

"얘야! 괜찮니? 다친 데는 없어?"

"……"

" 보호자는 어디 계시니? 혼자 갈 수 있겠어?"

"네…"

"그래, 청소는 할아버지가 하면 되니깐 조심히 보호자들 계신 곳으로 가."

"……"

아이는 쏜살같이 그의 품에서 벗어났다. 감사의 인사말이 없었음에도 청소 담당자는 편안한 미소로 자리에서 청소 도구를 들고 그 팝콘을 쓸어 담기 시작했다.

강의를 하러 가면 이 놀이공원 이야기로 시작하는 경우가 많다. 그 이유는 누구나 알고 있지만 누구나 하기 싫어하는 CS가 가지는 근본 가치를 알려주고, 스스로 실천할 수 있도록 동기부여 하는 것이 내가 해야 할 일이라는 개똥철학 때문이다. 주인의식을 가지고 일하는 것만큼 최고의 CS가 있을까? 그러니 주인처럼 업무에 임하는 위 사례는 아주 제격인 것이다. 그런데 이 주제로 강의를 할 때마다 의문 가득한 표정의 얼굴을 공통으로 마주하게 된다. 처음에는 '내 강의가 맘에 안 들었나?' 하는 예민한 생각이 들었는데 가는 곳마다 표정이 비슷했다. 그러던 중 어느 강의장에서 그 표정의 의미를 명확하게 알게 되었다. '주인처럼 대해주지 않는데 어떻게 주인의식을 가지라고 말하세요?' '급여는 최소 시급인데 주인의식이 생겨요?'라는 중간관리자의 대답 덕분이었다.

놀이동산에서 청소하는 그분은 그날, 무슨 일을 한 걸까라는 감동 어린 찬사를 멈추고 던지는 질문. 주인의식에서나 볼 수 있는 '그의 행동을 촉발한 힘은 어디에서 나온 걸까.'

우리의 질문은 여기서 시작되어야 한다.

진짜는 광고를 보고 병원에 방문했을 때부터다.
즉, 진료와 치료 이전에 병원 문을 통과하여 의사 앞에 앉을 때까지
고객이 받는 인상과 기분이 병원의 평가를 좌우한다.

제5장

브랜드 만들기

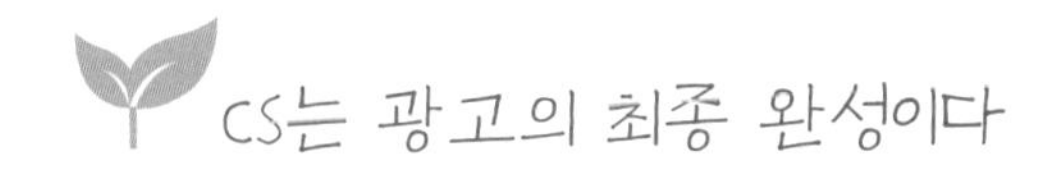

CS는 광고의 최종 완성이다

오랜만에 가족과 백화점에 갔다. 막내 생일이어서 선물도 살 겸 식사도 할 생각이었다. 한 층을 가득 채운 식당가는 점심시간이어서인지 사람들로 가득했다. 우리도 메뉴를 고르느라 분주히 움직였다. 식당마다 입구에는 먹음직스런 이미지와 설명으로 손님을 유혹하는 배너가 세워져 있었다. 내 눈을 사로잡은 건 '사진에 보이는 이미지와 실제는 다를 수 있습니다'란 문구였다. 먹음직스럽게, 먹지 않고는 배기지 못하도록 군침 돌게 만드는 게 배너 또는 메뉴판 사진의 임무이고, 혹시라도 불거질 불만을 사전에 차단한다는 점에서 현명한 방법으로 보인다.

한편 음식사진 전문작가도 있는 걸 보면 눈으로 보고 입으로 먹는다는 말이 과장은 아닌 듯싶다. 예전엔 음식점 앞 유리 진열장에 음식 모형을 만들어놓지 않았던가. 주문한 음식은 맛있었다. 모양도 밖에서 본 것과 크게 다르지 않았다. 가족 모두 만족스런 표정이었다. 기회가 되면 다시 방문하겠다고 생각했다.

먹거리와 상품은 사진으로 보여주고 설명을 통해 고객을 유혹할 수 있지만 병원은 보여줄 수 있는 게 한정적이다. 유혈이 낭자한 수술 장면을 보여줄 수 없고 성공적으로 치료된 모습을 제시할 수도 없다(기껏해야 고치고 나았다고 증언하는 환자의 후기가 고작일 테니까). 그런데도 거리와 버스와 지하철엔 온통 병원 광고다. 진료과목을 막론하고 거의 모든 병원이 광고에 돈을 쓴다.

문제는 광고에 표기하고 보여줄 수 있는 게 한정적이다. 원장 사진과 이력이 고작이다. 진료를 잘하고, 잘 고치고, 예쁘게 만들고, 새로운 세상을 보여주고, 다시 걷게 해주고, 활력을 되살려주고, 노화를 방지하고, 그리하여 삶을 개선해줄 듯한 이야기. 그런데 진짜는 광고를 보고 병원에 방문했을 때부터다. 즉, 병원 문을 통과하여 의사 앞에 앉았다가 귀가하는 그 순간까지 고객이 받는 인상과 기분이 병원의 평가를 좌우한다는 얘기다.

에두르지 말고 단도직입적으로 말하자. CS(Customer Satisfaction)는 광고의 최종 목적지다. 우리의 광고가 허위 과장광고가 아니라는 걸 증명하는 것이다. 광고를 보고 구매를 결정한 소비자가 단계별 인상(고객센터 응대와 배송안내와 도착과 포장 상태와 상품 상태와 환불과 반품 과정에서 느끼는 모든 감정)에 따라 재구매를 할지 환불하거나 클레임을 걸지 결정하듯 병원도 고객의 예약전화, 주차, 접수, 진료(입원, 수술) 과정에서 얼마나 만족을 느끼는지에 따라 병원에 대한 평가가 달라진다.

'미소와 따뜻함으로 환자를 내 가족처럼'이라고 말한 병원에 시베리아 바람보다 차가운 냉대를 받았다면? '멋진 외관과 화려한 시설'을 광고한 병원 로비와 화장실 청소상태가 불결하다면? 전화 응대자의 말투가 냉랭하고 지나치게 사무적이면서 피곤에 찌든 목소리였다면? CS는 미소와 기계적인 말투로 고객을 진료실까지 안내하는 작업이 아니다. 매뉴얼에 따라 단계별로 움직이는 기계 시스템이 아니라는 얘기다.

누구나 합리적 소비를 하길 원한다. 속칭 호갱이 되고 싶은 사람은 없다. 나의 선택지가 나를 만족시켜주길 원한다. 대부분은 광고를 통해 만나 선택한 후 방문하거나 주문한다. 상품도 중요하지만 상품을 둘러싼 분위기(문화)도 못지않게 중요하다. 라이프스타일을 파는 커피집과 문화와 예술이 공존하는 책방이 유행하는 것도 이런 까닭이다. 어떤 미술관은 소장품보다, 전시 공간보다 미술관 안에 있는 카페에서 보이는 정원 풍경이 기막히다. 밖으로 나가면 온갖 자연의 소리가 들린다. 내가 도심에 있다는 사실을 잊게 만든다. 휴식과 문화예술을 동시에 즐길 수 있는 공간을 제공하고 이용자에게 자부심까지 안겨주는 것이다. 병원도 마찬가지다. 그림을 걸고, 로비 음악회를 열고, 편안한 분위기로 환자와 보호자에게 편안함과 안정감을 제공하는 건 같은 맥락이다.

다시 말하지만, CS는 우리 병원이 내세운 광고의 완성이다. 질소로 부풀려진 과자가 아니라는 걸 확인시켜주는 과정이다. 방문에서 퇴원까지 환자와 보호자가 만족을 느낄 수 있도록, 불편함이 없도록 세심한 배려와 주의를 기울여야 하는 모든 것을 관리하고 점검하며 체크하는 필수 과목인 것이다. 어디선가 본 이름을 기억한 소비자가 의사 앞에 앉을 때까지 그리고 만족스런 미소로 문을 나설 때까지 무시로 만나는 우리의 노력이 CS다.

광고와 홍보는 다른 집안이다.

" 기사님! 수고 많으십니다. 든든한병원 가주세요."

"든든한병원요? 그 병원 어디에 있어요?"

"아~~ 모르시는구나. 대구공고 네거리에 있어요."

"네! 그쪽으로 가겠습니다."

자가운전을 하지 않을 때면 택시를 타고 일부러 병원 이름만 말한 후 기사님의 반응을 보곤 했다. 그리고 기사님께 '이 병원을 모르셨구나!'라는 뉘앙스로 각인을 시키는 데 집중했다.

개원 준비를 앞둔 병원이라면 병원을 알리는 게 가장 중요한 과제일 것이다. 원장의 개인적 명성으로 환자가 따라오는 경우를 제외하고 병원을 알리는 방법을 이해하고, 구분한 뒤, 전략적으로 접근하는 방법에 대해 알고 있어야 한다. 나는 광고 전문가도, 마케터도 아니고 경영학을 전공한 적도 배운 적도 없는 사람이다. 하지만 살아있는 경험을 통해 내가 배운 노하우 몇 가지를 공유하겠다. 전문가가 보기엔 한없이 부족하고 개념 없어 보일지라도 괜찮다.

택시에서 내가 전략적으로 접근한 방법은 홍보일까, 광고일까, 아니다, 어쩌면 혹시 질문에 대한 답보다 저런 무모한 짓을 왜 하지?라는 생각을 했을지도. 홍보와 광고는, 집밥을 할 것인지, 외식을 할 것인지의 차이로 이해하면 쉬울 것 같다.

말하자면 홍보는 내 브랜드를 인식하고 좋은 감정을 가지도록 만드는 것이고, 광고는 내 브랜드를 구매하게 하는 것이다. 즉 홍보는 특정한 상황이 생겼을 때 우리 병원이 떠오르게 할 수 있도록 긍정적 이미지를 각인시키는 것이고 광고는 어디에 있는 누구에게 어떻게 접근하여 우리병원에 직접 오게 할 것인가에 목적을 두는 것이다. 그러니까 홍보와 광고는 다른 것이므로 구분 전략을 세워야 한다.

든든한병원 면접을 본 날의 일이다. 집으로 돌아오는 길에 다양한 포털사이트에 병원을 검색했다. 든든한병원은 어떤 곳인지. 개원을 한 달 남짓 남긴 상태라 '인터넷에 광고가 넘쳐나겠지?'라고 기대했지만 아무것도 알 수 없었다. 그날 저녁 온라인 광고에 대한 시기와 중요성에 대한 문자를 면접 때 뵌 대표 원장에게 발송했고, 그 뒷날 재면접을 보자는 연락과 동시에 채용이 확정되었다. 물론 마케팅 담당자로서의 역할도 얻게 된 것이다. 그 문자를 보낸 행위는 오픈을 앞둔 병원에 대한 걱정으로 나를 홍보하는 모습이지만, 내가 이 정도 알고 있고 나를 채용하면 진짜 도움이 될 인물이라는 걸 알리는 광고였기도 하다. 결국 채용되었으니 나는 광고효과를 톡톡히 본 셈이다.

그렇게 채용된 다음 날부터 나는 원장님들과 사무국장의 도움으로 타 병원의 긍정 사례만 경험하기 위해 수도권과 지방의 병원 몇 곳을 방문하였다. 그 병원들을 벤치마킹한 뒤 장점들을 메모지에 하나하나 적었고 집으로 돌아와서 그 내용들을 바닥에 펼쳤다. 그리고 광고와 마케팅으로 구분하고 내가 할 수 있는 홍보 부분의 사례들은 따로 정리해서 접목 가능 여부를 확인하고 실행했다. 오픈하고 몇 달 되지 않아 바로 시행한 '병원 직업 체험'도 그중 하나다.

지금은 코로나로 멈춘 '병원 직업 체험'. 든든한병원의 메인 진료과가 정형외과 신경외과다 보니 고객의 평균 연령층이 높은 편이다. 그렇다고 직업 체험을 주 고객층인 어르신들을 모시고 할 수 없는 노릇이었다. 이용자가 아닌 아이들에게 병원 직업 체험을 시키는 게 광고에 어떤 도움이 될까라는 의문이 들었다. 개원초기다 보니 홍보도 중요하지만, 광고가 더 중요한 시기라는 생각을 했고, 당장 실행하기엔 소득이 없는 일시적인 행사로 그칠 것 같았다. 하지만 대표원장이 적극 검토와 실행을 요청한 상태였기 때문에 거절하기도 어려운 상황이었다.

그러다 문득 우리병원의 이용자와 소비자가 구분되어 있다는 생각이 들었다. H 재활의학과 재직 당시 성장 상담도 맡은 경험 덕분에 소비자와 이용자가 다르다는 사실을 이미 경험했던 터라 놀라운 발견이기보다 다시 응용할 수 있다는 사실에 무척 흥분되었다. 관절 치료를 받으러 오시는 이용자는 60살 이상의 연령대지만 지갑을 여는 소비자는 자식들일 가능성이 높았다. 자식들의 평균 연령은 30~40대로 기준 삼았다. 그 소비자의 특성은 초등학생들의 자녀를 둔 부모이고, 페이스북 사용자이고, 다음보다는 네이버를 이용하며 블로그에 노출이 많이 된 세대들로 파악되었다. 자녀와 연관된 직업 체험을 페이스북과 블로그를 통해 노출시키고 신청은 홈페이지를 통해 받는 시스템으로 운영한다면 홍보 효과는 괜찮을 것이라는 자신감이 생겼다. 물론 투자 대비 광고효과는 여전히 의문이었지만 말이다.

진짜 문제는 초등학생들에게 어떤 수준 높은 양질의 경험을 하게 해 줄 것인가? 학생들을 어떻게 모집할 것인가? 그리고 준비 예산을 낮출 수 있을까에 있었다. 물론 이 난관도 잘 헤쳐 나갔다. 초등학생이 스스로 방문할 수 없으니 부모님 동행은 필수였고, 그 덕분에 병원의 위치와 시설 그리고 병원 홍보는 확실하게 할 수 있었다. 소위 말하면 대박이 난 것이다. 3년이란 시간 동안 천 명 가까이 되는 아이들에게 어디서도 맛볼 수 없는 경험과 꿈을 선물할 수 있었다(세부 실행방안은 특제 소스라 오픈하지 않겠다).

뿌듯함과 자부심을 가지고 진행한 이 행사는 "신청이 1분 만에 마감되는데 솔직히 이거 불편하고 속상해요. 인원을 늘리든지 횟수를 늘려 주세요."라고 항의 전화를 받는 등 말 못할 해프닝도 많았다.

_____ 홍보

▷ 홍보를 하려면 어떻게 해야 하나요?

"음식을 하려면 어떻게 해야 하나요?"라고 가정해봅시다.

1. 한식을 만들 것인가, 중식을 만들 것인가? 결정해야 합니다.

--> 병원이 추구하는 방향은 무엇인가?

--> 모두 친절한 병원이 되겠습니다.

2. 한식 중 어떤 음식을 할 것인가를 결정해야 한다.

--> 어떤 키워드로 함축할 것인가?

--> 설명 NO. 1

3. 된장찌개로 결정했다면 어떻게 끓일 것인가?

--> 결정된 키워드를 기준으로 어떤 내용을 기획(스토리텔링)할 것인가?

--> CS 팀 활동으로 나온 결과물 활용하기

4. 감칠맛을 내기 위해 조미료를 쓸 것인가?

--> 트렌드에 맞는 디자인과 원고 내용 등을 도움받을 것인가?

--> 전문가 채용/ 업체 도움

광고는 마케팅 또는 전략, 기획 부서에 전문가를 두고 따로 운영하지 않는다면 병원 자체적으로 운영하기 어렵다. 아니 운영을 한다고 해도 효과는 노력 대비 높지 않을 것이다. 이 꼭지 맨 앞에서 광고를 외식이라고 비유한 건 이 때문이다. 대체로 동종업계 담당자의 말을 들어봐도 외부 광고업체와 계약을 하고 진행하는 게 가성비가 더 높다는 의견이다. 그렇다면 이런 질문이 가능하다. 외부 업체에 믿고 맡기기만 하면 만족스런 결과가 나올까. 업체를 선택하는 기준은 무엇인가? 정답은 없겠지만 아래 문장으로 대신할 수는 있다.

'주인은 다 할 줄 알아야 한다. 관심을 놓아서도 안 된다.'

큰 병원이고, 영세 음식점이고를 상관하지 않는다. 원장은 총책임자이며 최종 결정권자인 동시에 최고위 관리자이다. 그래서 원장도 마케팅에 관심을 가져야 한다. 단순히 결과에만 관심 갖는 게 아닌 광고가 만들어지는 과정과 내용까지 알아야 한다는 것이다.

이를 소홀히 하는 건 음식에 대해 모르고, 계산 방법을 모르고, 서비스도 모르면서 식당을 차리는 것과 매한가지다. 이렇게 되면 사업장 관리는 물론이고 직원 관리도 힘들어진다. 주인이 아무것도 모른다고 생각하면 직원들 임의대로 결정하기 십상이다. 그러는 와중 사업체는 서서히

무너진다. 그래서 수인은 다 할 줄 알아야 한다. 그런 점에서 D 정형외과의 사례는 주목할 만하다.

이 정형외과는 미팅 후 가장 신뢰 가는 광고업체를 결정하고 난 뒤 업체 담당자와 병원 광고 담당자와 부서장이 단톡방에 모여 앞으로의 방향에 대해 논의했다. 결과물에 대한 피드백을 실시간으로 주고받는 한편 병원의 다양한 이야깃거리들을 업체와 공유하면서 현실감 넘치는 광고 재료로 사용했다. 이 사례는 광고의 결과물을 얻기 위해서는 업체와 병원과의 관계가 아주 중요하다는 사실을 알려준다. 결과물에 대한 관심과 피드백은 당연하고 협력관계로서 상호 존중해 준다면 결괏값은 안 봐도 비디오다.

______ 광고

▷ 광고가 먼저인가요 홍보가 먼저인가요?

광고를 더 많이 해야 하나? 홍보를 더 해야 하나? 광고 꼭 해야 하나?

1. 광고와 홍보는 모두 중요하다. 하지만 꼭 하지 않아도 된다.
2. 광고나 홍보를 통해 노출된 내용은 지킬 수 있는 약속이어야 한다. 예를 들어 '저희 병원은 따뜻한 마음으로 치료합니다.'라는 병원 브랜드에 매력을 느낀 고객이 병원을 찾았는데 홍보 내용과 다른 불

친절한 병원일 경우 기대치에 대한 실망감까지 더해지기 때문에 타격을 입을 수 있다.

3. 병원의 특성과 고객층을 잘 분류한 뒤 전략을 세우고 꾸준하게 진행해야 한다.
4. 병원이 추구하는 방향성과 광고의 내용이 일치하는지에 대한 지속적인 관심을 가져야 한다.
5. 광고에 이끌려 찾은 고객들이 발걸음을 돌리지 않게 해야 한다.

▷ 광고 업체는 어떤 기준으로 결정하는가?

1. 추구하는 기준이 다 다르기 때문에 어떤 업체가 좋다 나쁘다고 말하기는 어렵다.

--> 예를 들어 월 10만 원 견적인데 세부 내용은 연간 2회 노출이라고 가정하면 이 항목은 회당 60만 원의 광고비용이라 볼 수 있다. 할부인 셈이다. 견적 항목 중에 이런 한두 가지 눈속임이 있을 수 있으니 꼼꼼히 따져보아야 한다.

▷ 업체 관리는 어떻게 하는 게 좋은가?

1. 처음이라면 1년 정도 계약을 하고 연장 여부는 1년 뒤에 판단해보자.
2. 1년간 매달 결과 보고서 내용에 대한 브리핑을 요청해 보자. (자연스

렵게 공부가 됨.)

3. 재계약은 자동으로 연계되지 않도록 하며, 종료 1달 전 다음 제안서를 받아보자.

4. 수시로 순위 노출이나 섬네일 디자인 등등을 확인하고 타 병원과 비교해서 트렌드나 퀄리티도 따져보자.

5. 병원은 광고계의 호구라는 말이 있다. 광고에 관해 공부하자.

6. 업체에 정중하게 요구하면 더 좋은 결과물이 나온다.

7. 업체도 병원의 고객이다.

에필로그

책을 쓰면서 스스로 복기하는 것임을 깨닫게 되었다.
집안에 집기류들이 널브러져 있던 것들을
제자리에 차곡차곡 정리한 것 같은.

"내가 미쳤지. 작가들도 쓰기 힘들어하는 책 쓰기를 내가 한다고 덤볐으니 이게 진정한 미친 짓이지." 몇 달간 매일 맘속으로 했던 말이다. 이 말을 몇십 번하고 나니 벌써 에필로그 쓸 차례가 되었다. 끝이 보이는구나!

한숨 돌리며 마무리하려는데 다시 쓰면 더 잘 쓸 수 있을 것 같은데, 다음 책에는 조금 더 무겁게 써 보면 어떨까라는 생각을 하는 나를 보았다. 간사한 인간 여기 있었네. 책을 다 쓰고 나면 속이 후련할 줄 알았다. 그런데 더 무거워지는 건 어떤 이유 때문일까. 하고 싶은 말들을 책에 모두 담지 못했다는 아쉬움이 제일 큰 이유가 아닐까. 아버지의 위암 투병 중 간호사의 살얼음 같은 대답에 화가 났지만, 말 한마디 하지 못하고 참았던 이야기, 컨설팅 제안 요청 받아서 방문했다가 무시당하고 돌아오면서 혼자 울었던 이야기, 코칭하다 중도 포기했던 이야기, 조직 내 왕따의 실체, 의사와 경영마인드 등등 많은 갈등 상황과 그 갈등이 드러내는 이슈를 다루고 싶었지만 용기를 내지 못했다. 내가 다시 한번 미친 짓을 한다면 그때는 쓸 수 있을까?

그건 그때 가서 고민하기로 하고, 어찌 되었든 나는 마무리라는 것을 했다.

의도가 선하든 선하지 않든 이 책을 읽고 나면 다른 입장에서의 생각들을 가진 독자들이 저자인 나를 비판하거나 지적할 수 있는 부분도 있을 것이다. 그럼에도 불구하고 병원일을 시작하는 나의 제자들과 내게 코칭을 받았던 병원 관계자분들은 서비스 인식의 개선과 상용화를 위해 내용을 보다 넓게 이해하고 실천해 주길 바라는 마음이다. 구슬이 서 말이라도 꿰어야 보배라고 했다. 아무리 좋은 글을 읽고 아무리 좋은 배움의 혜택을 받았더라도 실천하지 않으면 내 것이 아니라는 말이다. 아니 조금 더 솔직하게 말하자면 실천이 어렵더라도 바르게 이해하고 머릿속에 넣어 주기만 해도 일부 성공한 것이다. 알지만 실천하지 못하면 적어도 스스로 반성하는 상황은 연출되니 말이다. 반성이 잦아지면 실천하는 날이 온다고 믿는다.

책은 쓰는 것인 줄 알았는데 스스로 복기하는 것임을 깨닫게 되었다. 집안에 집기류들이 널브러져 있던 것들을 제자리에 차곡차곡 정리한 것 같은 마음이라고 해야 하나? 그래서 책을 써 보라고 하는 것 같다. 시간을 복기하여 갈무리한 이 책으로 다시 새 바둑을 둘 것이다. 단순한 지식 공유가 아니라 직원교육을 위해 활용할 수 있도록 프로그램도 오픈할 예정이다. 대학의 제자들에게도 이 책으로 병원 실무를 가르칠 예정이다. 생각만 해도 기분이 좋다.

수학은 기본 개념을 이해하지 못하면 응용할 수 없다. 서비스를 왜 해야 하는지 알지 못하면서 일하는 것, 이것보다 고된 노동이 있을까? 하지만 현실은 서비스가 기본이 되는 세상이 되었다. 그렇다면 우리는 어떻게 받아들이고 나아갈 것인가? 심각하게 고민해 볼 필요가 있다는 의미다. 본문에도 있는 내용이지만 개개인의 인성으로만 단정지을 부분이 절대 아니라는 점, 서비스는 모든 영역에 걸쳐져서 드러나기 때문에 리더십, 경영자 마인드, 조직 문화 등등 전반적인 변화를 시작해야 할 시기인 것이다. 이 책의 책장을 덮을 때쯤, 변화의 파도에 올라타고 싶다는 마음의 불씨가 당겨졌길 바라는 마음이다.

"혜영아! 교보 문고는 책을 파는 곳인데 책 읽는 곳을 만들어 놓으면 장사가 될까?" 큰외삼촌이 나에게 해주셨던 말씀이다. 그 이후 고객 경험이 어떤 의미인지 늘 묻기 시작했다. 기업이, 병원이 고객에게 어떤 경험을 하게 해 줄지를 고민한다면 어떤 비전과 어떤 핵심 가치를 가지고 있어야 하는가. 이또한 중요한 요소가 되지 않을까? 이 책을 통해 우리가 소속된 또는 경영하는 병원의 비전과 핵심 가치에 대해 점검할 수 있길 바라본다.

예전에 나에게 책이란 흰 종이와 활자였는데 지금은 나의 생각을 대신 전해주는 매개체가 되어있다니 실로 놀랄 노 자다. 책을 통해 얻고 배운 것들을 잘 흡수했다가 나만의 방식으로 다시금 내뱉어 보고 나니 세상은 더 넓고 아름답기만 하다.